─Español intermedio─
Plaza Mayor II

プラサ・マヨール **II** ソフト版 ─ステップアップ・スペイン語─

パロマ・トレナド

アルトゥーロ・バロン・ロペス

青砥清一

落合佐枝

佐藤邦彦

高松英樹

二宮 哲

柳沼孝一郎

朝日出版社

JN068100

PAÍSES HISPANOHABLANTES

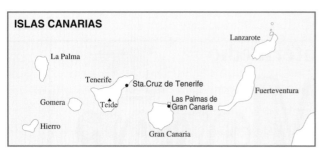

Tijuana • Mexicali EST

Ciudad Juárez

Chihuahua

P. de la Baja California

Río Gra

M

MÉ

Guadalajara • C
d

Acapulc

ISLAS CANARIAS

Lanzarote

La Palma

Tenerife • Sta.Cruz de Tenerife

Gomera ▲ Teide Fuerteventura

Hierro Las Palmas de
Gran Canaria

Gran Canaria

ESPAÑA

Mar Cantábrico

FRANCIA

Gijón

La Coruña Santander Guernica
Santiago Oviedo San Sebastián ANDORRA
de Compostela • Lugo **ASTURIAS** **CANTABRIA** • Bilbao
C.Finisterre **GALICIA** **PAÍS VASCO** Pamplona
  León Vitoria **NAVARRA** • Jaca Figueras
Pontevedra Burgos Logroño Huesca Gerona
Vigo • Orense Astorga Palencia **LA RIOJA** Zaragoza **CATALUÑA**
Miño **CASTILLA-LEÓN** Soria Lérida Costa Brava
  Zamora Valladolid Duero Ebro Barcelona
Oporto Medina del Campo **ARAGÓN** Tarragona
Douro Salamanca Segovia Tortosa
  Ávila Guadalajara Teruel
PORTUGAL **MADRID** • Alcalá de Henares Castellón de la Plana Menorc
Coimbra MADRID Mallorca
  Talavera de la Reina Aranjuez Cuenca **VALENCIA** Palma
Tejo Tajo • Toledo **CASTILLA-LA MANCHA** Valencia
C.da Roca Cáceres Júcar Ibiza **ISLAS BALEARES**
LISBOA **EXTREMADURA** Alcázar de San Juan Albacete Formentera
  Mérida Ciudad Real Segura Alicante
Évora Guadiana Elche Costa Blanca
  Guadalquivir Murcia
  Córdoba **MURCIA** Mar Mediterráneo
  Jaén Cartagena
Huelva **ANDALUCÍA**
  Sevilla Granada
  Mulhacén ▲ Almería
  Málaga
Cádiz Costa del Sol
Algeciras • Gibraltar
Estrecho de Gibraltar → Ceuta
Océano Atlántico ARGELIA

Melilla

MARRUECOS

音声ダウンロード

 音声再生アプリ「リスニング・トレーナー」（無料）

朝日出版社開発のアプリ、「リスニング・トレーナー（リストレ）」を使えば、教科書の音声をスマホ、タブレットに簡単にダウンロードできます。どうぞご活用ください。

まずは「リストレ」アプリをダウンロード

» App Store はこちら   » Google Play はこちら

アプリ【リスニング・トレーナー】の使い方
① アプリを開き、「**コンテンツを追加**」をタップ
② QRコードをカメラで読み込む

③ QRコードが読み取れない場合は、画面上部に　55157　を入力し
　「Done」をタップします。

Web ストリーミング音声

https://text.asahipress.com/free/spanish/plazamayor2soft/

◆ 本テキストの音声はCDでのご提供から音声アプリ「リスニング・トレーナー」(無料)とストリーミングでのご提供に変更いたしました。

◆ 本テキストにCDは付きません。

スペイン語への招待
～スペイン語のステップアップをめざす人のために～

スペイン語はスペインをはじめ，ラテンアメリカ諸国など20以上の国々の母語であり，米国のヒスパニックを含め5億近い人々によって広く話されている言語で，国連の公用語でもあります．グローバル化が加速度的に進行する今日，日本とスペイン語圏諸国との政治外交関係，国際ビジネス，技術協力そして美術・音楽・芸能・スポーツなどの文化交流など，さまざまな分野でスペイン語の需要は高まり，一層緊密化する現代国際社会においてより高度なスペイン語の運用能力をそなえた人材が求められています．スペイン語はまさに「**21世紀の国際語**」にふさわしい言語なのです．

本書 **Plaza Mayor II－Español intermedio－**（プラサ・マヨール II ソフト版 －ステップアップ・スペイン語－）は、入門書 **Plaza Mayor I－Español básico－**（プラサ・マヨール I ソフト版 －ベーシック・スペイン語－）の姉妹編であり、**Plaza Mayor I 改訂ソフト版**でスペイン語の基礎を学んだ方がさらにステップアップを目指すために，スペイン語中級レベルのテキストとして編纂されたものです．必ずしも **I 改訂ソフト版**の続きが **II ソフト版**というわけではなく，**II ソフト版**からでも中級スペイン語の学習に充分対応できるように工夫されてあります．

本書は全9課で構成されていますが，1課から4課までは直説法過去，完了時制，未来時制，再帰動詞，無人称表現など **Plaza Mayor I 改訂ソフト版**で学んだスペイン語の根幹をなす学習事項を再確認し，5課から9課までは接続法（現在・過去・現在完了・過去完了）や条件文などを中心とした学習に充ててあります．このテキストの特徴は次のとおりです．

◇ 各課は，**Diálogo**（会話），**Guía Práctica Gramatical**（文法解説），**Ejercicios**（練習問題），**Lectura**（読解）で構成されています．

◇ **Diálogo** はその課の学習事項を用いた会話です．覚えておくと便利な表現 (**EXPRE-SIONES**)は文法説明だけでなく，会話中心の授業にも対応できるように工夫してあります．

◇ **Guía Práctica Gramatical** はその課の学習事項の文法解説です．文構造や時制，接続法などの理解を深めるために，日常生活に結びついた多くの例文が記載してあります．

◇ **Ejercicios** は各課の学習事項にそって，文法演習 [A]（課によっては [A-1], [A-2]）と [B]，スペイン語訳演習 [C]（記述力の養成を考え各課10問を設定してあります）の3部で構成されています．練習問題はすべて網羅的に学習することをお薦めします．

◇ **Lectura** は読解力と語彙力を養うためのもので，スペインの地理，風俗習慣，歴史，文化，社会，政治経済など様々な観点から平易な文でスペインを紹介しています．

◇ 語彙力を養うために，巻末に各課別の **VOCABULARIO INTERMEDIO**（ステップアップ語彙集）を掲載してあります．

◇ 別冊として携帯サイズの「便利手帳」を用意いたしました．項目別の用語や時事用語，専門用語，学習用の主要動詞活用集そして旅行に便利な会話集などコンパクトにまとめてあります．

本書の出版の機会を与えて下さり，**II ソフト版**の完成まで温かく見守り，全面的な支援とご理解そして有益な助言を賜りました朝日出版社の藤野昭雄氏と山田敏之氏そして山中亮子氏には心から感謝の意を表するものです．

このテキストがさらにスペイン語のステップアップを目指す皆さんに多少なりともお役に立てれば法外の喜びです．　　　　　　　　　　　　　　　　　　　　　　　　　**¡Ánimo!**

2024年春

著者

ÍNDICE （目次）

装丁・地図製作
岩崎三奈子

イラスト
メディアアート

写真提供
スペイン政府観光局
糸魚川美樹

『プラサ・マヨール』で数十倍楽しく学ぶために

『プラサ・マヨール I 改訂ソフト版』に登場した，サラマンカに暮らすホセさん一家の息子や娘たち，そしてホセさん宅にホームステイしていた日本人留学生マコト，あれから数年後，皆はどうしているのでしょうか？

● 日本人留学生のマコトは一旦，日本に帰国して，再びサラマンカの大学に留学し，現在は大学院で学んでいます．かつてはホセさん宅にホームステイしていましたが，いろいろな経験を積みたいと考え，今は大学の学寮でルームメイトのハビエルと生活しています．スペイン語教師マヌエラの隣人であり，旅行会社に勤務するラウラとつき合っています．

● 最近，日本から留学生のケンがやって来ました．マコトは先輩として，ケンにいろいろと助言したり，いい相談相手になっています．

● ホセさんは弁護士事務所で相変わらず忙しい日々を送っています．時には妻のマリアさんと連れだって，大好きな旅行にでかけています．ホセさん夫妻は，マコトを実の息子のように可愛がり，いつも大歓迎してくれます．

● 長女のカルメンは，地方で小学校の教師をしていますが，仕事が忙しいため，最近はなかなか実家に帰って来られません．

● 長男のアントニオは大学を卒業し，現在，弁護士としてマドリードで働いています．最近，同じく弁護士のソニアと結婚しました．

● 次女のエレナはマコトと同じく大学院生です．エレナとその友人のサラとマコトの3人は時々，一緒に映画を見に行ったりしています．

● 次男のカルロスはいまや大学生です．マコトはよく一緒に出かけます．

日本に帰国した後，再度スペインに留学し，今は大学院で学ぶマコトはスペインでの留学生活を満喫しているようです．今回の登場人物がくりひろげる『プラサ・マヨール II ソフト版』の会話を十分にお楽しみください．

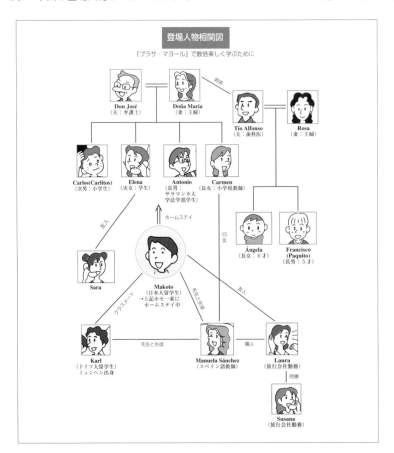

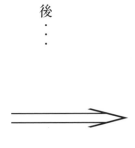

数年後・・・

『プラサ・マヨールIIソフト版』で数倍楽しく学ぶために

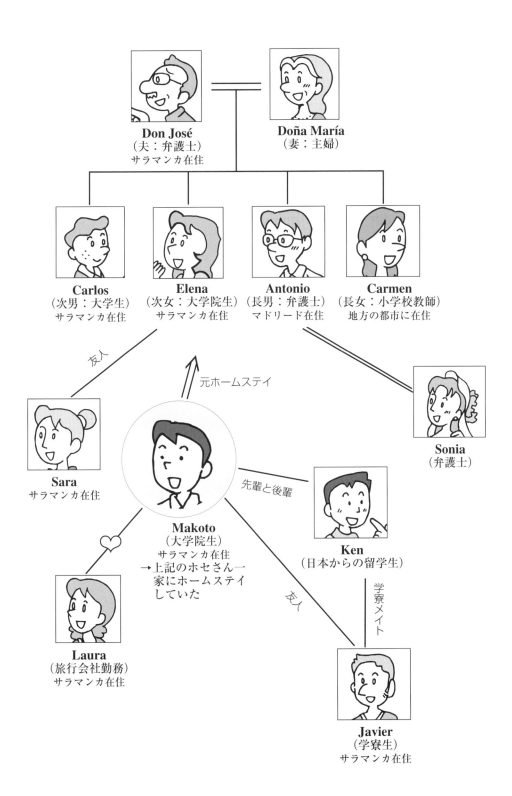

Lección 1 — Cuando llamé a la residencia, nadie contestó.

CD-2

(Makoto y su amigo Javier reciben a Ken, nuevo estudiante japonés de la residencia.)

Javier : Bienvenido a nuestra residencia, Ken.

Ken : Muchas gracias, Javier. ¿A qué hora es el desayuno?

Javier : Los días de diario el desayuno es de 7.30 a 9.00. Solemos tomar café con leche y galletas o una tostada. La comida es de 2.00 a 3.30.

Ken : Pero es mucho tiempo sin comer. **¡Me voy a morir de hambre!** Cuando **estaba en Japón, comía a las 12.**

Makoto : **No te preocupes.** Sobre las 11 hay un descanso y los españoles toman un bocadillo o algo ligero. **Recuerda que** al mediodía las tiendas están ce-rradas de 1.30 a 4.30 más o menos.

Ken : ¡Ah, claro! Por eso cuando llamé a la residencia a las 4, nadie contestó. Todo el mundo duerme después de comer, ¿no?

Javier : No, todo el mundo no. **Antes la gente dormía más la siesta**. De todas formas, si tienes que llamar por teléfono o hacer una visita, espera hasta las 5.

Ken : **Me han dicho que muchos jóvenes empiezan a salir sobre las 9 o 10 de la noche.**

Makoto : Es verdad. Hay muchos lugares para salir con los amigos y divertirse hasta la madrugada.

EXPRESIONES

CD-3

1. **¡Me voy a morir de hambre!**（僕はお腹がすいて死んでしまうよ！）
2. **Cuando estaba en Japón, comía a las 12.**（僕は日本にいたときは，12時に昼食を食べていました）
3. **No te preocupes.**（心配しなくてもいいよ → 再帰動詞 **preocuparse** の命令形・否定）
4. **Recuerda que...**（〜ということを覚えておきなさい → **recordar** の **tú** に対する命令形・肯定）
5. **Antes la gente dormía más la siesta.**（昔は人々は（今より）もっと昼寝をしたものです）
6. **Me han dicho que muchos jóvenes empiezan a salir sobre las 9 o 10 de la noche.**

   （多くの若者は夜の9時か10時ごろに街にくり出すと僕は聞いています）

Guía Práctica Gramatical 1

1. 直説法点過去と線過去

CD-4

A) 活用

> **点過去規則活用**：
>
> (**-ar** 動詞) habl**é**, habl**aste**, habl**ó**, habl**amos**, habl**asteis**, habl**aron**
>
> (**-er**・**-ir** 動詞) com**í**, com**iste**, com**ió**, com**imos**, com**isteis**, com**ieron**
>
> **点過去不規則活用**：
>
> (語根母音変化 **pedir** 型) ped**í**, ped**iste**, p**i**d**ió**, ped**imos**, ped**isteis**, p**i**d**ieron**
>
>   seguir, sentir, repetir など
>
> (語根母音変化 **dormir** 型) dorm**í**, dorm**iste**, d**u**rm**ió**, dorm**imos**, dorm**isteis**, d**u**rm**ieron**
>
>   morir など
>
> (語根・語尾変化 **tener** 型) tuv**e**, tuv**iste**, tuv**o**, tuv**imos**, tuv**isteis**, tuv**ieron**
>
>   estar(estuv-), hacer(hic-), poder(pud-), poner(pus-), querer(quis-), saber(sup-),
>
>   venir(vin-) など
>
> (語根・語尾変化 **decir** 型) dij**e**, dij**iste**, dij**o**, dij**imos**, dij**isteis**, dij**eron**
>
>   conducir(conduj-), producir(produj-), traer(traj-) など
>
> (その他) ser / ir (**fui, fuiste, fue, fuimos, fuisteis, fueron**)
>
>   dar (**di, diste, dio, dimos, disteis, dieron**) など

> **線過去規則活用**：
>
> (**-ar** 動詞) habl**aba**, habl**abas**, habl**aba**, habl**ábamos**, habl**abais**, habl**aban**
>
> (**-er**・**-ir** 動詞) com**ía**, com**ías**, com**ía**, com**íamos**, com**íais**, com**ían**
>
> **線過去不規則活用**：ser (**era, eras, era, éramos, erais, eran**)
>
>   ir (**iba, ibas, iba, íbamos, ibais, iban**)
>
>   ver (**veía, veías, veía, veíamos, veíais, veían**)

B) 用法

点過去が過去の出来事を完結したひとつの事柄として表す時制であるのに対し，**線過去**は過去のある時点において継続中の事柄として表す．

Anoche **hubo** un terremoto. / Cuando éramos niños, **había** un puente aquí.

Pilar **empezó** a trabajar cuando **tenía** veinte años.

Pilar **empezó** a trabajar cuando **cumplió** veinte años.

Pilar **trabajaba** aquí cuando **era** joven.

> **注1** 長く続いた事柄でも，その状態を完結したものとして表す場合は**点過去**が用いられる．
>
>   Aquí **hubo** un puente hasta hace cinco años.
>
>   Mi padre **trabajó** dos años en una agencia de viajes cuando era joven.

注2 瞬時的な事柄でも，反復的，習慣的なものとして表す場合は**線過去**が用いられる．

Antes en esta región **había** terremotos cada año.

注3 主動詞が過去時制のとき，時制を一致させるために従属節で過去形が使われることがある．その場合，点過去ではなく，**線過去**が用いられる．

Juan me dijo que le **dolía** la cabeza y que no **podía** ir a la reunión.

(← Juan me dijo: "Me duele la cabeza. No puedo ir a la reunión.")

注4 線過去は**丁寧な表現**（婉曲表現）として用いられることがある．

Buenas tardes, señorita. ¿Qué desea? — **Quería** una camisa de rayas.

CD-5 2. 直説法現在完了と過去完了

> 現在完了：**haber** の直説法現在 (he, has, ha, hemos, habéis, han) + 過去分詞（無変化）
> 過去完了：**haber** の直説法線過去 (había, habías, había, habíamos, habíais, habían)
> 　　　　　　　　　　　　　　　　　　　　　　　　　　　　　　　+ 過去分詞（無変化）

過去分詞の作り方：	hablar → hablado	comer→ comido	vivir → vivido
不規則な過去分詞：	abrir → **abierto**	cubrir → **cubierto**	decir → **dicho**
	escribir → **escrito**	hacer → **hecho**	morir → **muerto**
	poner → **puesto**	romper → **roto**	ver→ **visto** volver → **vuelto**

完了形は，ある時点を基準とし，それまでに完了した行為や状態，またそれまでの経験を表すのに用いられる。**現在完了**は現時点を基準とし，現時点までに完了した行為や状態，また現在までの経験を表すのに用いる．**過去完了**は過去のある時点を基準として同様の事柄を表す．

¿Has comido ya? — No, todavía no. / Cuando volví a casa, mi marido ya **había comido**.

Ha llovido toda la semana. / Las hojas estaban verdes porque **había llovido** toda la semana.

Hemos estado dos veces en España. / Hasta entonces no **habíamos estado** en Londres.

注1 点過去や線過去が，過ぎた出来事を現在と切り離して表すのに対し，**現在完了は，今日・今週・今月・今年など現在と関係づけて述べる**のに用いられる．

Ayer <u>tuvimos</u> un problema con el ordenador.

Esta tarde **hemos tenido** un problema con el ordenador.

注2 主動詞が過去時制のとき，主動詞が表す時間より以前に行われた行為は従属節において**過去完了**で表される．

María me <u>dijo</u> que me **había llamado** hacía una semana.

(← María me dijo: "Te llamé hace una semana.")

4

Ejercicios 1

[A-1] （　　）内の不定詞を点過去もしくは線過去に活用させなさい.

1) Ahora trabajo en una oficina, pero antes (trabajar-　　　　　　　　) en una escuela.
2) Hace una semana (ocurrir-　　　　　　　) un accidente de autobús en la autopista
   y (morir-　　　　　　) muchas personas.
3) Cuando (llegar-　　　　　　)(nosotros) a la playa,
   (haber-　　　　　　) mucha gente.
4) Ayer (buscar-　　　　　　)(yo) la llave todo el día, pero no la
   (encontrar-　　　　　　).
5) ¿Cuándo (conocer-　　　　　　)(vosotros) a Cristina?
6) Anteayer (ver-　　　　　　)(yo) a Rocío cuando (ir-　　　　　　) al
   trabajo en tren.
7) Cuando (ser-　　　　　　)(ellos) pequeños, siempre
   (jugar-　　　　　　) en el parque.
8) — ¿Dónde (nacer-　　　　　　)(tú)?
   — (Nacer-　　　　　　) en Toledo, cerca de Madrid.
9) (Ser-　　　　　　) las once de la noche cuando me
   (llamar-　　　　　　) la policía.
10) El otro día Juan me (decir-　　　　　　) que (querer-　　　　　　)
    aprender francés conmigo.

[A-2] （　　）内の不定詞を現在完了もしくは過去完了に活用させなさい.

1) ¿(Salir-　　　　　　) ya el tren para León? — No, va a salir dentro de poco.
2) ¿Dónde (poner-　　　　　　)(tú) el diccionario? Lo necesito ahora.
3) Hasta entonces yo no (viajar-　　　　　　) nunca en avión.
4) Cuando llegué al restaurante, todos (terminar-　　　　　　) de comer.
5) ¿Te (decir-　　　　　　) la verdad el niño? — Sí, acaba de decírmela.
6) ¿Por qué (perder-　　　　　　)(vosotros) el autobús esta mañana?
7) Yo no sabía que ya (volver-　　　　　　)(tú) de viaje.
8) El periódico dice que (llover-　　　　　　) poco este año.
9) El profesor nos preguntó si (leer-　　　　　　) esa novela.
10) Antonio me contó que no (hacer-　　　　　　) nada especial aquel verano.

[B] （　　）内の不定詞を点過去, 線過去, 現在完了, 過去完了のいずれかの時制に活
用させなさい.

1) El domingo pasado yo (ir-　　　　　　) al teatro con un amigo mío.

5

2) Entonces ellos me dijeron que (ser-   ) de Sevilla.

3) Hasta ahora (tener-   )(nosotros) buena suerte.

4) — ¿(Estar-   )(tú) alguna vez en México?

     — No, no (ir-   ) nunca.

5) Makoto me preguntó con quién (salir-   ) la noche anterior.

6) El año pasado Ana y Juan (pasar-   ) un mes entero en las Canarias después de la boda.

7) No (haber-   ) ni radio ni televisión en aquella época.

8) Ayer Pedro no (venir-   ) a la universidad porque le (doler-   ) el estómago.

9) Mi abuelo (morir-   ) el año pasado de un ataque al corazón.

10) Carlos le (decir-   ) a su padre que ya (hacer-   ) los deberes.

[C] 以下の文をスペイン語で表現しなさい.

1) 私たちが駅に着いたとき，電車はすでに出てしまっていた.

2) 私の父はアメリカで10年間働いた.

3) 君たちは学生だったころ，週末は何をしていたの？

4) 数日前，彼らは休暇をマジョルカ島で過ごしたいと私に言った.

5) 私の妻が家に戻ったのは夜の10時ごろだった.

6) 当時，私の息子はまだ生まれていなかった.

7) あなたがたはペルーに行ったことがありますか？

8) 私たちは午前中ずっと鍵を探したが，まだみつかっていない.

9) 私が彼女と知り合ったのは私が17歳のときだった.

10) 彼は疲れているが，よく眠れない (no dormir bien) といつも言っていた.

Lectura 1 · *La vida cotidiana*

Hay algunas costumbres de los españoles que pueden sorprender a los extranjeros. La más importante es el horario de las comidas. La comida principal del día es la del mediodía. En España se come tarde, entre las 2 y las 3 de la tarde. La cena suele ser a partir de las 9.

En general, en España la gente se acuesta más tarde que en otros países, sobre todo los fines de semana, cuando muchas personas salen a divertirse. Hay muchos lugares de diversión abiertos hasta la madrugada: bares, restaurantes, discotecas, cines, teatros y otros espectáculos.

Normalmente en España se trabaja 35 horas semanales, de lunes a viernes, 7 horas diarias. Algunos empleados tienen jornada continua. Otros tienen la jornada partida, por ejemplo: 4 horas por la mañana y 3 por la tarde, después de comer. La mayoría de la gente vuelve a comer a casa al mediodía, aunque en las grandes ciudades como Madrid y Barcelona muchos trabajadores comen cerca de sus lugares de trabajo. Por esta razón, el horario de las tiendas y establecimientos comerciales es de 10:00 a 8:00. De 1:30 a 4:30 están cerradas, excepto los grandes almacenes o hipermercados, que tienen horario continuo.

El horario más frecuente en colegios e institutos es de 9 a 1 y de 3 a 5 de la tarde. En la universidad los estudiantes tienen más libertad para elegir su horario.

Plaza Mayor (Madrid)

Lección 2   Creo que este verano irán a Galicia.

CD-7

Makoto	:	¿Cómo está el agua?
Laura	:	Está bastante fría, pero cuando llevas un rato dentro, te acostumbras.
Makoto	:	**En Japón, cuando iba a la playa, podía entrar en el agua sin problemas.** Pero aquí en Santander, no puedo.
Laura	:	El año pasado estuve en Tarragona con unas amigas. Había mucha gente y hacía más calor que aquí, pero la temperatura del agua era perfecta.
Makoto	:	¿Dónde está Tarragona?
Laura	:	En Cataluña. Tarragona está en el Mediterráneo, pero Santander está en el Cantábrico. Hay muchas diferencias entre las regiones españolas: por ejemplo, en Andalucía hace mucho calor en verano y no llueve casi nunca; en Galicia, en cambio, no hace tanto calor y llueve mucho, especialmente en invierno.
Makoto	:	**También se hablan idiomas diferentes, ¿no?** He estudiado que en España hay cuatro lenguas oficiales.
Laura	:	Sí, el español, que se habla en todo el territorio; y el catalán, el vasco y el gallego, que se hablan sólo en algunas regiones, además del español.
Makoto	:	A propósito, **creo que este verano Sara y Elena irán a Galicia**, ¿verdad?
Laura	:	**Doña María me dijo que irían**, pero no estoy segura.
Makoto	:	Bueno, **¿vamos a un chiringuito a tomar algo?**
Laura	:	¡Vale, vamos!

CD-8

EXPRESIONES

1. **En Japón, cuando iba a la playa, podía entrar en el agua sin problemas.**
   (日本で海に行った時は，なんの問題もなく水〔海〕に入れたんだけど)

2. **También se hablan idiomas diferentes, ¿no?** (それからいろいろな言語も話されているんでしょ？)

3. **creo que este verano Sara y Elena irán a Galicia,**
   (今年の夏，サラとエレナはガリシアに行く予定だと思うよ)

4. **Doña María me dijo que irían,** (マリアさんは〔彼女たちは〕行くだろうと言ったわ)

5. **¿vamos a un chiringuito a tomar algo?** (海の家に行って何か飲もうか？)

8

Guía Práctica Gramatical 2

CD-9

1. 直説法未来

A) 活用

> 規則活用：不定詞の語尾に**-é, -ás, -á, -emos, -éis, -án**をつける
>
> hablar**é**, hablar**ás**, hablar**á**, hablar**emos**, hablar**éis**, hablar**án**
>
> **不規則活用：**
>
> （e が脱落する） poder (**podré, podrás, podrá, podremos, podréis, podrán**)
>
> querer, haber, saber など
>
> （e, i が d に変わる）tener (**tendré, tendrás, tendrá, tendremos, tendréis, tendrán**)
>
> poner, salir, venir など
>
> （その他） decir (**diré, dirás, dirá, diremos, diréis, dirán**)
>
> hacer (**haré, harás, hará, haremos, haréis, harán**)

B) 用法

1 未来の事柄の予定・予測を表す

Mañana **lloverá** todo el día.

Te **llamaré** después.

2 現在の状態の推測を表す

¿Qué hora **será**? — Son las once. Ya **estarán** durmiendo todos.

注 命令や義務を表すことがある.

Vendrás aquí mañana a las ocho, ¿eh?

CD-10

2. 直説法過去未来

A) 活用

> 規則活用：不定詞の語尾に **-ía, -ías, -ía, -íamos, -íais, -ían** をつける
>
> hablar**ía**, hablar**ías**, hablar**ía**, hablar**íamos**, hablar**íais**, hablar**ían**
>
> **不規則活用：**直説法未来の不規則活用の語根と同じ
>
> （e が 脱落する） poder (**podría, podrías, podría, podríamos, podríais, podrían**)
>
> querer, haber, saber など
>
> （e, i が d に変わる）tener (**tendría, tendrías, tendría, tendríamos, tendríais, tendrían**)
>
> poner, salir, venir など
>
> （その他） decir (**diría, dirías, diría, diríamos, diríais, dirían**)
>
> hacer (**haría, harías, haría, haríamos, haríais, harían**)

B) 用法

1 過去のある時点から先の行為・状態の予測や意思を表す.

Ella me dijo que me **llamaría** al día siguiente.

2 過去のある時点における状態の推測を表す.

Serían las once cuando llegué al hotel.

¿Cuántos años **tendría** Rosa cuando se casó?

3 非現実的な仮定に基く予測や意思を表す. さらに間接的に希望や依頼などを表す婉曲表現としても用いられる.

Sin tu ayuda nunca **terminaríamos** el trabajo.

De ser posible **visitaría** a mi abuela en Canadá.

Me **gustaría** probar este plato.

Perdone, ¿**podría** indicarme el camino para la Plaza Mayor?

CD-11

3. 直説法未来完了

> **haber** の直説法未来 (habré, habrás, habrá, habremos, habréis, habrán)
>
> + 過去分詞（無変化）

1 未来のある時点で行為が完了しているだろうという予測を表す.

Habremos terminado la tarea para la semana que viene.

2 現時点において行為が完了しているだろうという推測を表す.

Don José y doña María ya **habrán llegado** a Barcelona.

CD-12

4. 直説法過去未来完了

> **haber** の直説法過去未来 (habría, habrías, habría, habríamos, habríais, habrían)
>
> + 過去分詞（無変化）

1 過去のある時点から見た未来における行為の完了を表す.

Me dijeron que **habrían terminado** su trabajo para las cinco de la tarde.

2 過去のある時点において行為が完了していただろうという推測を表す.

Cuando llegaron al aeropuerto, el avión ya **habría salido**.

3 非現実的な仮定に基く完了した行為の推量を表す.

Sin tu ayuda nunca **habríamos terminado** la tarea antes de la fecha.

[A-1] （　　　）内の不定詞を直説法未来もしくは過去未来に活用させなさい.

1) ¿Cuántos años (tener-　　　　　　　　) esa señora que está ahí?

2) ¡Cómo llueve! ¿(Haber-　　　　　　　) partido de béisbol mañana?

3) Oiga, ¿(poder-　　　　　　) decirme la hora?

4) A lo mejor mis amigos (querer-　　　　　　　　) verme uno de estos días.

5) — ¿Qué vas a hacer mañana?

　　— Seguramente (ir-　　　　　　　) a la discoteca con mi novia.

6) No (deber-　　　　　　)(tú) hablar así a tus padres.

7) El Sr. García (estar-　　　　　　　) trabajando en su despacho a esta hora.

8) Tú en mi lugar (hacer-　　　　　　) lo mismo.

9) (Ser-　　　　　　) las cinco de la mañana cuando hubo un terremoto.

10) Me (gustar-　　　　　　) ayudarte, pero no sé cómo hacerlo.

[A-2] （　　　）内の不定詞を直説法未来もしくは未来完了に活用させなさい.

1) ¿Dónde (estar-　　　　　　　) el tío Ramón? Hace tiempo que no lo veo.

2) Los niños ya (llegar-　　　　　　) a casa a estas horas.

3) Nosotros no (poder-　　　　　　) ir a veros mañana.

4) Ya son las siete. Tus padres (volver-　　　　　　) dentro de poco.

5) Ya se ha acabado la fiesta. Pedro no ha venido. ¿Qué le (pasar-　　　　　　　　)?

6) Yo te (llamar-　　　　　　) al llegar a casa.

7) Llaman a la puerta. ¿Quién (ser-　　　　　　)?

8) Te voy a dejar esta novela. Creo que te (gustar-　　　　　　).

9) ¿A qué hora (salir-　　　　　　) el próximo autobús?

10) El suelo está muy mojado. (Llover-　　　　　　) bastante.

[B] （　　　）内の不定詞を直説法未来，過去未来，未来完了，過去未来完了のいずれか
　　の時制に活用させなさい.

1) Mi tía (tener-　　　　　　　) unos cuarenta años cuando tuvo su primer hijo.

2) Anoche llamé a Rosa pero no contestó. (Estar-　　　　　　　) durmiendo.

3) Por aquel entonces (haber-　　　　　　) menos tráfico en Tokio.

4) De ser posible yo te (regalar-　　　　　　　) un diamante, pero no tengo dinero.

5) Ellos me dijeron que (venir-　　　　　　　) a verme, pero al final no vinieron.

6) Mi vecina se ha comprado un abrigo de piel. ¿Cuánto le (costar-　　　　　　　)?

7) Creía que ya (salir-　　　　　　)(tú) de casa a esa hora.

8) Te puedo dejar el diccionario, pero me lo (devolver-　　　　　　　) mañana, ¿eh?

9) Seguramente vosotros (ver-   ) esta película, pero si no, os la presto.

10) Me prometiste que (hacer-   ) todo lo posible por conseguirme la
    entrada para la Ópera de Carmen.

[C] 以下の文をスペイン語で表現しなさい.

1) この時間にはもう彼らは仕事を終えているだろう.

2) できれば近いうちにお会いしたいのですが.

3) 彼女は授業に来なかったが,風邪でもひいていたのだろう.

4) 君は次の日お金を返すと言ったじゃないか.

5) 夫が帰宅したのは何時ごろだっただろう.

6) 私を迎え (recoger) に空港まで来ていただけませんか?

7) お父さん,来週の日曜日に僕たちを動物園につれていってくれるんだよね.

8) 私は眼鏡をどこに置いてきたんだろう.

9) 試験に合格したのだから,君のご両親はさぞお喜びでしょう.

10) 私たちはあなたのお手伝いをするのにできるだけのことをいたしましょう.

Lectura 2 — *España: geografía y sociedad*

La Península Ibérica, formada por España y Portugal, está situada en el suroeste de Europa. Al norte está el Mar Cantábrico, al oeste el Océano Atlántico —donde se encuentran las Islas Canarias, cerca de la costa africana—, y al este el Mar Mediterráneo, donde se encuentra el archipiélago de las Baleares.

España es uno de los países más grandes del continente europeo. Los Pirineos son la frontera natural entre España y Francia. En el sur, el estrecho de Gibraltar separa España de África. La distancia entre los dos continentes es sólo de 14 Km. Es también un país muy montañoso, después de Suiza, el más montañoso de Europa.

España tiene unos 44 millones de habitantes. Según la Constitución de 1978, España está formada por 17 comunidades autónomas: Andalucía, Aragón, Asturias, Baleares, Canarias, Cantabria, Castilla y León, Castilla-La Mancha, Cataluña, Extremadura, Galicia, La Rioja, Madrid, Murcia, Navarra, País Vasco y Valencia.

Estas comunidades autónomas tienen gobierno y parlamento propios y toman decisiones en temas como educación, sanidad, obras públicas, seguridad, transportes, cultura, policía, etc. El Gobierno Central se ocupa de la política exterior y la defensa nacional.

En los últimos años, la sociedad española está viviendo grandes cambios. Uno de ellos es el aumento de la inmigración.

El oso y el madroño (Madrid)

CD-14

Makoto	:	Doña María, ¿qué fotos son esas?
Doña María	:	**Son las fotos que hice el año pasado** cuando José y yo fuimos a las Fallas de Valencia. Estuvimos 3 días.
Makoto	:	¿Puedo verlas?
Doña María	:	Claro que sí. Te las voy a enseñar. Mira... **Me levanté muy pronto para poder hacerlas.** José, no. **Él se quedó durmiendo en el hotel.**
Makoto	:	¿Una falla es una figura?
Doña María	:	No, no. Es un grupo de figuras de cartón y cera que se colocan juntas en la calle y que representan historias.
Makoto	:	Son muy bonitas. **¿Cuándo se celebran las Fallas?**
Doña María	:	Se celebran del 15 al 19 de marzo y hay muchas actividades: conciertos, corridas de toros... Durante esos días la gente puede visitar las fallas y el último día las queman por la noche.
Makoto	:	Eso son fuegos artificiales, ¿verdad?
Doña María	:	Sí, por las noches siempre hay fuegos artificiales en la Plaza del Ayuntamiento. Son muy famosos en toda España.
Makoto	:	**Me gustaría ver las Fallas.** Todavía no he visto ninguna fiesta famosa de España.
Doña María	:	Bueno, entonces en el próximo viaje **José se quedará en casa** y tú vendrás conmigo.

CD-15

EXPRESIONES

1. **Son las fotos que hice el año pasado** （これは去年私が撮った写真よ）
2. **Me levanté muy pronto para poder hacerlas.** （写真を撮るために朝早く起きたの）
3. **Él se quedó durmiendo en el hotel.** （彼はホテルで寝ていたのよ）
4. **¿Cuándo se celebran las Fallas?** （ファリャはいつ開催されるのですか？）
5. **Me gustaría ver las Fallas.** （ファリャを見てみたいなあ）
6. **José se quedará en casa** （〔その時は〕ホセはお留守番ね）

Guía Práctica Gramatical 3

CD-16

1. 再帰動詞

スペイン語には他動詞に対応する自動詞のないものがかなり多い．例えば，「起きる」という自動詞はなく，他動詞の「起こす **(levantar)**」を「自分自身を起こす **(levantarse)**」と表現して「起きる」という自動詞に変える．この場合の「自分自身を」にあたるものを**再帰代名詞 (me, te, se, nos, os, se)** といい，動詞＋再帰代名詞を**再帰動詞**という．

1) 直接再帰用法：以下のように再帰代名詞が直接目的語になる．

> **llamar**（呼ぶ）　　　＋ **se**（自分自身を）→ **llamarse**（〜という名前である）
>
> **casar**（結婚させる）＋ **se**（自分自身を）→ **casarse**（結婚する）

¿Cómo **te llamas**? — **Me llamo** Antonio.　(←llamarse)

Nos hemos casado este mes.　(←casarse)

¿A qué hora **te acostaste** anoche?　(←acostarse)

Nos sentamos en una mesa libre en la terraza del bar.　(←sentarse)

2) 間接再帰用法：以下のように再帰代名詞が間接目的語になる．

> **poner**（置く，つける）＋ **se**（自分自身に）　 → **ponerse**（身につける，着る）
>
> **lavar**（洗う）　　　　＋ **se**（自分のために）→ **lavarse**（自分の体〔の一部〕を洗う）

¿Por qué no **te pusiste** la corbata nueva cuando fuiste a la fiesta?　(←ponerse)

Tienes que **lavarte** las manos al volver a casa.　(←lavarse)

3) 相互用法：「互いに〜する」の意味を表す．主語は一般に複数形になる．

Vosotras dos **os queréis** mucho, ¿verdad?　(←quererse)

Juana y yo **nos escribimos** por mail diariamente.　(←escribirse)

Los vecinos **se ayudan** mutuamente.　(←ayudarse)

4) 転意用法：動詞本来の意味のニュアンスを変えたり強調したりする．

Mi amigo **se fue** sin decirme adiós.　(←irse 立ち去る < ir 行く)

Fui al cine, pero **me dormí** viendo la película.　(←dormirse 眠り込む < dormir 眠る)

Me muero de hambre.　(←morirse 死んでしまう；死にそうだ < morir 死ぬ)

Se comió un pollo entero.　(←comerse 平らげる < comer 食べる)

5) 本来的用法：再帰動詞のみで用いられる．

Me atrevo a decírselo porque somos amigos.　(← atreverse a...)

Hace mucho calor últimamente y todos **se quejan del** calor.　(← quejarse de...)

Me arrepiento de no haber estudiado.　(← arrepentirse de...)

2. 関係詞

1 関係代名詞：関係代名詞は代名詞と接続詞の働きをし，2つの文を1つの文にする.

1) que：最も頻度の高い関係代名詞で，先行詞は人でも物でもよい.

・先行詞は関係節中の主語や直接目的語になる.

Las chicas *que están sentadas ahí* son mis hermanas.

(← Las chicas están sentadas ahí. Las chicas son mis hermanas.)

Vamos a tomar el tren *que saldrá a las 5*.

La novela *que me prestaste* era muy buena.

・先行詞が人の場合，直接目的語であっても前置詞 **a** はつけない.

La chica *que vimos ayer* es la novia de Antonio.　(→ × La chica a que vimos...)

2) el que, la que, los que, las que：先行詞は人でも物でもよい. 前置詞を伴う場合に用いられる. 特に人が先行詞で前置詞を伴うときに用いられる. また先行詞なしで独立用法としても使われる.

Estos son los niños *de los que te hablé ayer*.

(← Estos son los niños. Te hablé ayer de los niños.)

Esa es la actriz *con la que se casó el millonario*.

No entiendo la razón *por la que ella me habla así*.

Tengo un amigo *al que le gusta mucho el cine coreano*.

El que más tiene, más desea.

3) lo que：先行詞 lo は前の文全体で「そのこと」を意味する. 口語体では主に独立用法で用いられ，「~のこと」「~のもの」を表す.

Nuestra hija acaba de casarse, *de lo que nos alegramos muchísimo*.

No entiendo *lo que dice el profesor*.

4) el cual, la cual, los cuales, las cuales：人，物を先行詞とする関係代名詞. 前置詞やコンマのあとで用いられる.

Él estuvo en el hospital ocho días, *durante los cuales no lo visitó nadie*.

5) quien, quienes：人を先行詞とする関係代名詞. 前置詞やコンマのあと，あるいは独立用法で用いられる.

Vi al chico *con quien estabas el otro día*.

A *quien madruga*, Dios le ayuda.

2 その他の関係詞

1) donde, cuando, como：以下のような関係副詞がある.

Fuimos a ver el lugar *donde* (= en que) *ocurrió el accidente*.　（場所を表す）

Fue en 1492 *cuando Colón llegó a América*.　（時を表す）

Así fue *como se enamoraron Romeo y Julieta*.　（様態・方法を表す）

2) cuyo, cuya, cuyos, cuyas：所有などを表す関係形容詞. 後の名詞に応じて性数変化する.

Mi padre me decía cosas muy complicadas, *cuyo sentido yo no comprendía*.

[A] （　　）内の不定詞を適切な形に活用させなさい.

1) Yo (acostarse-　　　　　　　) tarde anoche leyendo una novela policíaca.
2) No sé por qué ella (enfadarse-　　　　　　) tanto conmigo ayer.
3) Algunas chicas (mirarse-　　　　　) en el espejo y
   (maquillarse-　　　　　　　) en el tren.
4) Voy a (casarse-　　　　　　) con Ana dentro de este año.
5) Esta mañana (levantarse-　　　　　　　) tarde y he perdido el tren de siempre.
6) Anoche nosotros (divertirse-　　　　　　) mucho en la fiesta.
7) ¿Por qué no (ponerse-　　　　　　)(tú) el abrigo esta mañana?
8) ¿Por qué no (ponerse-　　　　　　　) usted la corbata nueva cuando fue a la
   fiesta?
9) Al oírlo Juana (ponerse-　　　　　　) colorada.
10) Tú (tener que lavarse-　　　　　) las manos antes de comer.
11) Oye, Manuela, ¿por qué (cortarse-　　　　　　) el pelo?
12) Todos dicen que yo (parecerse-　　　　　　) mucho a mi abuela.
13) Hace tres días la familia Sánchez (marcharse-　　　　　　　) para Brasil.
14) — ¿Ya (irse-　　　　　　)(tú)?
   — Sí, ya es tarde. Ya (irse-　　　　　　).
15) (Morirse-　　　　　　) de hambre y también tengo mucha sed.
16) Después de comer, el niño (dormirse-　　　　　　) enseguida.
17) Estoy a dieta, pero ayer (comerse-　　　　　) tres pasteles.
18) No quise ofenderla, pero (atreverse-　　　　　　) a decirle la verdad.
19) Ayer por la tarde los niños (reírse-　　　　　　) mucho viendo la animación.
20) Yo (arrepentirse-　　　　　) de haber bebido demasiado en la fiesta.

[B] 次の文を関係詞を用いて１つの文にしなさい.

1) Mi primo se casó con una chica.／La chica nació en Cuba.
   La chica _____
2) Vivimos en una casa.／La casa es de alquiler.
   La casa _____
3) ¿Conoces a la muchacha?／La muchacha está ahí hablando con José.
   ¿Conoces a la muchacha _____
4) Tú me hablaste de una película.／Ya he visto esa película.
   Ya he visto _____

5) El camarero nos sirvió la comida. ／ El camarero era simpático.

   El camarero _____

[C] 以下の文をスペイン語で表現しなさい.

1) 今朝，私は寝坊したので (levantarse tarde) 顔を洗わずに出かけました.

2) －君は私のことを覚えているかい？

   －もちろんさ，君のことはよく覚えているよ.

3) －どこに座りましょうか？

   －テラス (terraza) のベンチに座りましょう.

4) 森で幼稚園児たち (niños del jardín de infancia) が迷子になったそうです.

5) 今朝，私はカミソリ (navaja) で指を切ってしまった.

6) 私が目が覚めたのは夜の11時でした.

7) 我が家で一番早く寝るのは祖父です.

8) 私たちは12時ちょうどに発車する列車に乗ります.

9) この前 (el otro día) 君に貸してあげた小説はもう読み終わったの？

10) 大学の正門の前に (delante de la entrada principal) ある喫茶店で君を待っているよ.

Lectura 3 — *Fiestas*

En todas las ciudades y pueblos de España hay fiestas que mantienen vivas las tradiciones. Las tres más famosas son **las Fallas** de Valencia, **los Sanfermines** de Pamplona y **la Feria de Abril** de Sevilla.

Los Sanfermines se celebran del 7 de Julio, día principal de las fiestas, al 14. Durante esa semana, todos los días a las ocho de la mañana tiene lugar el llamado encierro: los mozos y algunos atrevidos visitantes corren delante de los toros por las estrechas calles del casco antiguo de la ciudad hasta llegar a la plaza de toros. Los toros que han corrido por la mañana son toreados por la tarde. El encierro es breve, dura sólo unos minutos, pero es muy peligroso.

La Feria de Abril empieza poco después de terminar la Semana Santa. Se celebra, sin fecha fija, durante seis días, de martes a domingo. Los sevillanos se ponen sus trajes tradicionales y pasean, a pie o a caballo, por el recinto de la Feria. Mucha gente va por la tarde a los toros a la famosa plaza de la Maestranza y por la noche beben, cantan y bailan en las casetas, adornadas con flores y luces de colores.

Últimamente hay otra fiesta que, pese a ser de origen reciente, se ha hecho muy famosa en todo el mundo: **la Tomatina** de Buñol. Se celebra el último miércoles del mes de agosto en una pequeña ciudad de la región de Valencia y en ella los participantes se arrojan tomates los unos a los otros durante una hora.

La Tomatina (Buñol)

Lección 4 — Se cree que está enterrado allí.

CD-19

Makoto	:	¿Qué vais a hacer en Galicia este verano?
Sara	:	Vamos a visitar a una amiga que vive en La Coruña.
Elena	:	Y aprovecharemos para visitar la ciudad de Santiago de Compostela. Queremos pasear por las calles del casco antiguo y, por supuesto, ver la catedral, que es muy famosa.
Makoto	:	¿Por qué la Catedral de Santiago es tan famosa? **Me han dicho que las catedrales más bonitas de España son la de Burgos y la de León.**
Elena	:	En realidad, la Catedral de Santiago es el final de una ruta de peregrinación muy antigua: el Camino de Santiago.
Sara	:	Desde la Edad Media los peregrinos de España y de otros países acuden, siguiendo esa ruta, hasta la Catedral de Santiago, **donde se cree que está enterrado el cuerpo de Santiago el Mayor,** uno de los apóstoles de Jesús. Para los católicos, Santiago de Compostela es la tercera ciudad más importante, después de Roma y de Jerusalén.
Makoto	:	Entonces, ¿vais como peregrinas?
Elena	:	**¡Qué va! Nosotras vamos a hacer turismo.** Además, los peregrinos no pueden ir a Santiago en avión como nosotras: hay que recorrer la ruta a pie, a caballo o en bicicleta.
Makoto	:	**Ya veo. Se puede ir a Santiago sin hacer la peregrinación.**

EXPRESIONES

CD-20

1. **Me han dicho que las catedrales más bonitas de España son la de Burgos y la de León.** （スペインで最も美しいカテドラルはブルゴスとレオンのカテドラルだと聞いているけど）

2. **donde se cree que está enterrado el cuerpo de Santiago el Mayor,**
（そこに大ヤコブの遺体が埋葬されていると信じられているの）

3. **¡Qué va! Nosotras vamos a hacer turismo.** （とんでもないわ！私たちは観光に行くのよ）

4. **Ya veo. Se puede ir a Santiago sin hacer la peregrinación.**
（ああ，そうか．巡礼に行かなくてもサンティアゴには行けるということなんだね）

Guía Práctica Gramatical 4

CD-21

1. 再帰受身（**se** + 他動詞の3人称単数形・複数形）

再帰動詞を使った受身表現．主語は事物に限られ，しばしば動詞の後に置かれる．

En este polígono industrial *se fabrican* varios tipos de electrodomésticos.

En esta revista aparecen muchos anuncios, pero no *se leen*.

Más de un 10 por ciento de las compras que *se hacen* en España *se paga* con tarjeta de crédito.

No *se escuchan* mucho en FM las canciones que nos gustan.

注 1 行為者が明示できる場合には受動態（**ser** + 過去分詞〈性数変化する〉+ **por**）の文型で，新聞記事や論文などに用いられる．

Este rascacielos <u>fue diseñado por</u> un grupo de arquitectos futuristas.

La primera ministra <u>fue entrevistada por</u> los periodistas.

(= Los periodistas entrevistaron a la primera ministra.)

注 2 行為の受け手が人間である場合は，3人称複数形を使った無人称文が用いられる（→**2. 2)** 動詞の3人称複数形）．

2. 無人称文

CD-22

無人称文は主語（＝行為者）を特定しないで表現する．

1) **se** + 動詞の3人称単数形：「一般に人は〜する」を表す．

¿Por dónde *se va* al centro comercial?

Se dice que *se come* bien en este restaurante.

En esta zona residencial, no *se puede* aparcar.

Aunque está prohibido, aún *se fuma* en los andenes.

注 再帰受身として解釈できる場合もある．

Aquí *se habla* inglés.

2) 動詞の3人称複数形

En esa región *hablan* mucho del medio ambiente.

(= En esa región *se habla* mucho del medio ambiente.)

Dicen que sale más barato alquilar un coche por contrato mensual.

(= *Se dice* que sale más barato alquilar un coche por contrato mensual.)

★ 上例のように，**se** + 3人称単数形の無人称表現と言い換えられる場合も多いが，一般的な内容の時には **se** + 3人称単数形が，具体的な出来事について述べる時には3人称複数形がよく使われる．

Dicen que te casas el próximo mes. ¿Es verdad?

（君，来月結婚するって聞いたけど，本当なの？）

En las calles siempre me *preguntan* si tengo cigarrillos.

（私は通りに出るといつも，タバコを持っているかと〔色々な人に〕尋ねられる）

Cuando no *se sabe*, *se pregunta*.

（分からない時には質問するものだ）

Llaman a la puerta.

（誰かがドアをノックしている）

Para entrar en esta tienda *se llama* a la puerta primero.

（この店に入るには，まず呼び鈴を鳴らします〔鳴らすことになっている〕）

> ★ 特に，行為の受け手が人間の時，3人称複数形を使って主語を明示化せずに受身のような意味を表す．

En la placita *me han robado* toda la documentación.

No *me pusieron* el sello cuando pasé por el control de pasaportes.

A este artista joven *le han otorgado* el Premio Nacional de Diseño.

CD-23

3. 無意思表現（se + 間接目的格人称代名詞 + 動詞の3人称 + 名詞）

間接目的語で表現される人の意思に関係なく「～してしまう・しまった」という意味を表す．

Se me cayó un plato.

（手がすべって皿が落ちた →間接目的語 me の意思に関係なく，「皿が勝手に落ちた」）

Oiga, señor, *se le ha caído* la cartera.

¿Cómo *se te ha ocurrido* una idea tan original?

Se me pasó ver una cosa importante.

Se me olvidó su nombre.

生ハム

[A-1] [　　] 内の動詞の現在形と **se** を使って（　　）を埋め，再帰受身文や無人称
文を作りなさい.

1) En esta tienda no (　　　　　　) cigarrillos.　[vender]

2) En esta región (　　　　　　) castellano y gallego.　Y también a veces (　　　　　　)
el portugués.　[hablar, escuchar]

3) Esta revista (　　　　　　) mensualmente, y (　　　　　　) mucho.　[publicar, leer]

4) Este tipo de lámparas ya no (　　　　　　) hoy, porque no (　　　　　　).　[fabricar, usar]

5) El pestillo de la puerta no (　　　　　　) bien, y la puerta no cierra bien.　[ajustar]

6) ¿Cuánto tiempo (　　　　　　) desde aquí hasta el aeropuerto?　[tardar]

7) (　　　　　　) que en España (　　　　　　) bien.　[decir, bailar]

8) ¿Cómo (　　　　　　) al nuevo campus de la universidad?　[ir]

9) (　　　　　　) que fumar no es bueno para la salud.　[pensar]

10) En este caso, (　　　　　　) escribir a mano, porque (　　　　　　) más rápido.
[recomendar, escribir]

[A-2] [　　] 内の動詞を点過去形にし，必要なら **se** を補って再帰受身文や無人称文
を作りなさい.

1) De repente (　　　　　　) la cerradura y (　　　　　　) la puerta.　[romper, abrir]

2) (　　　　　　) más de 11 millones de toneladas de grano en nuestro país.　[producir]

3) Lo (　　　　　　) caído en la calle y lo (　　　　　　) a un hospital.　[encontrar, llevar]

4) Al taxista le (　　　　　　) y le (　　　　　　) una multa.　[detener, poner]

5) Me (　　　　　　) con tantos regalos que me (　　　　　　).　[sorprender, dar]

[B] (　　) 内の動詞を文脈に応じた適切な時制にし，[　　] に **se** を補って無人称
文もしくは無意思文を作りなさい.

1) Cuando visité ese país hace veinte años, [　　] (vivir-　　　　　　) más
tranquilamente.

2) Antes, en esta tienda, siempre me (tomar-　　　　　　) por una dependienta.

3) Cuando paseaba por el parque le (atacar-　　　　　　) y le
(robar-　　　　　　) la mochila.

4) — Señor, ¿ya le (servir-　　　　　　) el postre?
— No, todavía no me lo (traer-　　　　　　).

5) — ¿Anoche te (decir-　　　　　　) algo especial?
— Sí, ¡me (soltar-　　　　　　) cantidad de burradas!

6) Mientras preparaba el café, [　　] me (quemar-　　　　　　) las tostadas.

7) Cuando estaba mirando los escaparates, [   ] me (ocurrir-   )
comprarte unos pendientes.

8) Ayer [   ] me (perder-   ) la cartera.

9) Esta mañana [   ] me (caer-   ) el móvil y [   ] me
(romper-   ).

10) Ahora, [   ] (notar-   ) que ya no eres un niño como antes.

[C] 以下の文をスペイン語で表現しなさい.

1) このタイプのラジオはもう販売されていません.

2) すみません，絵葉書はどこで売っていますか？

3) グアテマラでは20以上の言語が話されていると言われています.

4) "Perdón" は日本語で何と言いますか？

5) 国際線到着ゲート (llegadas internacionales) にはどう行けばいいですか？

6) この地方の村々では，のんびり暮らせる.

7) 今日の午後，私に電話がありましたか？

8) 私は大学でいつも先生と間違えられます.

9) 彼は言われたことをすぐに忘れてしまった.

10) 私は去年，誕生日にもらった時計をなくしてしまった.

España es un país de una gran riqueza artística. Los diferentes pueblos que pasaron por la península dejaron su huella en numerosos monumentos, muchos de los cuales han sido declarados Patrimonio de la Humanidad por la UNESCO. Vamos a ver tres de los más representativos.

El Acueducto de Segovia es uno de los monumentos más grandiosos que quedan de la época romana y una magnífica obra de ingeniería. Fue construido por los romanos en el siglo II con grandes bloques de piedra superpuestos unos sobre otros sin ningún tipo de argamasa. Tiene más de 100 arcos y alcanza unos 30 metros de altura cuando pasa, en doble arcada, por el centro de Segovia. En su origen servía para traer a la ciudad el agua de las montañas.

La Mezquita de Córdoba y **la Alhambra de Granada** son los máximos exponentes del arte musulmán en España. La Mezquita de Córdoba se levantó en el siglo VIII sobre una basílica cristiana y en siglos posteriores fue ampliada en varias ocasiones. De los siglos XIII y XIV es la Alhambra de Granada. Construida sobre una colina, responde a la idea de fortaleza-palacio y en su interior destacan, entre otras muchas estancias, el Patio de los Leones (Palacio de los Leones) y el Patio de los Arrayanes (Palacio de Comares). Los jardines también son de extraordinaria belleza.

El Patio de los Leones (La Alhambra)

CD-25

Makoto : Laura, **quiero que me hables sobre el cine español.**

Laura : Bueno, en el cine Ideal ponen la última película de Pedro Almodóvar. **¿Te apetece verla?**

Makoto : ¡Ah, sí! La protagonista es Penélope Cruz, ¿verdad? ¡Me encanta! Para mí, Almodóvar es uno de los mejores directores actuales.

Laura : Sí, recibió un Óscar en 2000 por "Todo sobre mi madre". ¿Sueles ver muchas películas?

Makoto : Sí, porque así puedo comprender mejor la vida de España, su historia y sus costumbres. **Me sorprende que haya tantas películas sobre la Guerra Civil.**

Laura : Tienes razón, pero es que es un acontecimiento muy importante de nuestra historia. Además durante la época de la dictadura estaba prohibido hablar sobre política. Nuestro cine actual trata más temas sociales.

Makoto : Entonces vamos a ver la de Almodóvar. Es una comedia, ¿no?

Laura : Bueno, es un drama, aunque él es también conocido por sus comedias.

Makoto : **A mí las que más me gustan son las películas de aventuras y de acción,** como "El Zorro", la de Antonio Banderas.

Laura : ¡Ah!, pero **aunque el protagonista sea español, esa película es americana.** Oye, vámonos que tenemos que sacar las entradas.

CD-26

/ EXPRESIONES /

1. **quiero que me hables sobre el cine español.** （スペイン映画について話して欲しいんだけど）
2. **¿Te apetece verla?** （その映画が見たい？）
3. **Me sorprende que haya tantas películas sobre la Guerra Civil.**
   （〔スペイン〕内戦の映画がこんなにたくさんあるのは驚きだな）
4. **A mí las que más me gustan son las películas de aventuras y de acción,**
   （僕が一番好きな映画は冒険映画とアクション映画だね）
5. **aunque el protagonista sea español, esa película es americana.**
   （たとえ主役がスペイン人であっても，その映画はアメリカ映画なの）

Guía Práctica Gramatical 5

1. 接続法（その1）

CD-27

A) 接続法現在の活用

直説法現在の1人称単数が **-o** で終わる動詞は，最後の **-o** を取り除いた形に次の語尾をつける．

-ar 動詞 :	**-e, -es, -e, -emos, -éis, -en**
-er, -ir 動詞 :	**-a, -as, -a, -amos, -áis, -an**

1 規則変化動詞

hablar (hablo)		**comer** (como)		**escribir** (escribo)	
hable	hablemos	coma	comamos	escriba	escribamos
hables	habléis	comas	comáis	escribas	escribáis
hable	hablen	coma	coman	escriba	escriban

注1 発音に応じて書き方が変わる動詞もある（正書法に注意すべき動詞）

　　buscar (busco) : **busque, busques, busque, busquemos, busquéis, busquen**
　　llegar (llego) : **llegue, llegues, llegue, lleguemos, lleguéis, lleguen**
　　coger (cojo) : **coja, cojas, coja, cojamos, cojáis, cojan**

注2 再帰動詞の接続法現在

　　levantarse (me levanto): 　me levante, te levantes, se levante,
　　　　　　　　　　　　　　　　nos levantemos, os levantéis, se levanten

B) 接続法現在の用法

CD-28

：従属節の内容がまだ実現されていない，また事実かどうか不明な場合，従属節の内容に対して主観的な判断などが働く場合に，従属節中には接続法が用いられる．従属節は次のように分類される．また独立文中に用いられる用法もある（直説法は，認識されている事柄を単純に表現する）．

> 1 名詞節 (Lección 5)
> 2 形容詞節 (Lección 6)
> 3 副詞節 (Lección 7)
> 4 独立文 (Lección 7)

1 名詞節（主動詞＋que＋接続法）

：主節が以下のような場合には接続詞 **que** に続く名詞節の動詞は接続法を用いる．

(1) 願望・命令・依頼・禁止・許可

> *querer, desear, esperar, rogar, preferir, mandar, ordenar, decir, exigir, pedir, aconsejar, recomendar, proponer, permitir, prohibir, hacer, dejar,...* など

Quiero que *leas* esta novela de ciencia-ficción. （←leer）

27

El profesor nos manda que *hablemos* en español en clase. (←hablar)

Deseamos que nos *escribas* pronto. (←escribir)

Te aconsejo que no *fumes* tanto. (←fumar)

(2) 否定・疑惑

no creer, negar, dudar, no parecer, no imaginarse, no ser cierto,... など

No creo que *lleguemos* a tiempo. (←llegar)

Niega que los estudiantes no *estudien* mucho. (←estudiar)

(3) 可能性・必要性

ser posible, ser imposible, ser necesario, ser probable, poder, posibilidad de, probabilidad de, peligro de,... など

Es necesario que *entregues* el documento al jefe enseguida. (←entregar)

Es imposible que yo le *llame* ahora mismo. (←llamar)

Hay una posibilidad de que *suceda* algo imprevisto. (←suceder)

(4) 感情・価値判断

alegrarse de, sentir, temer, agradecer, admirar, sorprender, ser una lástima, ser lamentable, ser extraño, ser raro, ser natural, ser mejor, bastar,... など

Me alegro mucho de que *te cases* con María. (←casarse)

Es mejor que *te lleves* el paraguas. (←llevarse)

Es una lástima que ustedes no nos *acompañen*. (←acompañar)

Siento mucho que *esté* enferma su madre. (←estar)

＊アクセント符号に注意 (→p.33 を参照)

estar : **esté, estés, esté, estemos, estéis, estén**

注1 願望や感情を表す文では，主節と従属節の主語が同じ場合は不定詞を用いる.

Quiero que *cantes* una canción. (君に是非，一曲歌って欲しい) (←cantar)

Quiero <u>cantar</u> una canción. (私は何か一曲歌いたい)

Siento que mi hijo no *hable* japonés. (←hablar)

(私の息子が日本語を話さないのは残念です)

Siento no <u>hablar</u> japonés. (私は日本語を話せないのが残念です)

注2 主動詞によっては接続法と不定詞を従えて表現できる.

Permítame que le *presente* a mi amigo don José. (←presentar)

(友人のホセさんをご紹介いたします)

Permítame <u>presentar</u>le a mi amigo don José.

[A] （　　）内の不定詞を接続法現在に活用させなさい.

1) Quiero que (leer-　　　　　　　　　　)(tú) esta novela.

2) Deseamos que (llegar-　　　　　　　　) pronto las vacaciones de verano.

3) Mi madre me manda que la (ayudar-　　　　　　　　).

4) Permítame que le (presentar-　　　　　　　　) al Sr. Víctor Romero.

5) La ley prohíbe que los menores de edad (fumar-　　　　　　　　) y
   (beber-　　　　　　　　).

6) No creo que mi amigo me (llamar-　　　　　　　　) por teléfono.

7) Es posible que (suceder-　　　　　　　　) algo imprevisto.

8) ¿No le importa que (abrir-　　　　　　　　) la ventana, señor?

9) Te pido que me (prestar-　　　　　　　　) mil euros.

10) Os recomiendo que (memorizar-　　　　　　　　) todas las palabras.

11) El médico me ha dicho que no (tomar-　　　　　　　　) bebidas alcohólicas.

12) Les ruego que me (dejar-　　　　　　　　) tranquilo.

13) Es imposible que les (esperar-　　　　　　　　)(nosotros) aquí más.

14) Estoy deseando que mi novio me (regalar-　　　　　　　　) un precioso anillo.

15) A esa chica le gusta que la (tratar-　　　　　　　　) como a una princesa.

[B] （　　）内の不定詞を直説法現在もしくは接続法現在に活用させなさい.

1) Mis padres me ordenan que no (confiar*-　　　　　　　　) este secreto a nadie.
   ＊直説法：**confío, confías, confía, confiamos, confiáis, confían**
   接続法：**confíe, confíes, confíe, confiemos, confiéis, confíen**（アクセント符号に注意）

2) Mi madre me ha pedido que (regresar-　　　　　　　　) al pueblo enseguida,
   porque mi abuela está mal.

3) Un compañero de nuestro piso me ha escrito por e-mail que esta noche
   (celebrar-　　　　　　　　)(nosotros) una fiesta en el piso para recibir a un nuevo
   compañero.

4) Creo que María (hablar-　　　　　　　　) japonés muy bien, pero no creo que lo
   (escribir-　　　　　　　　) bien.

5) Sentimos mucho que nuestro compañero (dejar-　　　　　　　　) los estudios
   debido a razones económicas.

6) Mis abuelos me dicen que (levantarse-　　　　　　　　) más temprano y
   (desayunar-　　　　　　　　) bien todas las mañanas.

7) El periódico dice que no (ir-　　　　　　　　) a terminar pronto la guerra en ese
   país.

8) Es probable que (subir-   ) las tasas mucho más este mes.

9) — ¿Cómo es la situación en la que estáis?

   — Es imposible que (llegar-   )(nosotros) a una conclusión pronto.

10) — Oye, María, pareces muy cansada. ¿Qué te pasa?

   — No he podido dormir bien esta noche.

   — Es mejor que (echarse-   ) la siesta después de comer.

[C] 以下の文をスペイン語で表現しなさい.

1) お母さん，ショーウィンドー (escaparate) にあるあのハンドバッグを私に買って欲しいの.

2) その推理小説をお読みになるようあなたにお薦めします.

3) 雨が降るかも知れないから，傘を持って行った方がいいよ.

4) 私はお医者さんから禁煙 (dejar de fumar) するように言われています.

5) あんなにも優秀な生徒 (un alumno tan bueno) が私たちの言語を話さないなんて残念です.

6) 子供たちが遅刻するんじゃないかと私は心配です.

7) 君が私の国を気に入ってくれて (gustar) とてもうれしいです.

8) この時間に子供たちが私に電話してこないなんておかしいな (Es extraño que...).

9) 奥さん，タバコを吸ってもかまいませんか？

10) ホセさん，私の友達をご紹介します.

Lectura 5 | *Historia de España*

El año 1492 es un año muy importante no solamente en la historia de España, sino también en la historia de la Humanidad por los grandes acontecimientos que tuvieron lugar en él: la publicación de la primera gramática de la lengua castellana (la gramática de Antonio de Nebrija), la conquista de Granada y el descubrimiento de América, que supuso el *Encuentro entre Dos Mundos*.

El reino de Granada fue el último reducto de la España islámica. La toma de Granada por los Reyes Católicos significó el fin de la Reconquista —la lucha contra el Islam— que se había prolongado durante casi 800 años. Isabel y Fernando, los Reyes Católicos, contrajeron matrimonio en 1469, unificando así los reinos de los que ambos eran herederos: Castilla y Aragón. Esta unión dinástica fue clave para la creación del estado unitario de España.

En 1485 Cristóbal Colón pidió a los Reyes Católicos el apoyo económico necesario para buscar una ruta más corta hacia la India por el oeste. La ayuda otorgada por Isabel la Católica a Colón fue fundamental para el descubrimiento de América. La expedición de Colón partió el 3 de agosto de 1492 y llegó a la isla de Guanahaní (actualmente Bahamas) el 12 de octubre de 1492. Posteriormente se realizó la conquista de los diferentes países. Destacamos la conquista de México en 1521 por Hernán Cortés y la conquista de Perú en 1533 por Francisco Pizarro.

Monumento a Colón (Barcelona)

CD-30

(Después de visitar el Museo del Prado, Carlos y Makoto deciden ir a tomar algo.)

Makoto	:	¡Cuánta gente hay en la Plaza Mayor!
Carlos	:	¡Claro!, hoy es domingo y mucha gente sale a tomar el aperitivo antes de comer. Solemos tomar unas tapas y aquí hay muy buenos bares.
Makoto	:	¡Ah! Ya sé... tapas. Son pequeños platos de comida, ¿verdad? Me encantan los pinchos de tortilla.
Carlos	:	**¿Quieres que pidamos una de calamares y jamón ibérico?** Para beber yo quiero una caña.
Makoto	:	**Para mí un vino tinto, pero que sea Rioja.** ¡Es increíble que los españoles beban alcohol a estas horas! En Japón normalmente bebemos por las noches. ¡Qué buen ambiente hay en los bares de tapas!
Carlos	:	Oye, Makoto, ¿qué te ha parecido el Museo del Prado?
Makoto	:	Ya lo había visitado hace un año. Los pintores que más me gustan son Velázquez y Goya. Pero España tiene grandes pintores en todas las épocas y también me interesan Picasso y Dalí.
Carlos	:	Entonces, **es mejor que vayas al Reina Sofía,** el museo de pintura moderna. Allí está el *Guernica* y hay bastantes cuadros de Dalí.
Makoto	:	Además **me parece muy bien que los domingos la entrada a los museos nacionales sea gratis**. Así puede visitarlos mucha gente.

CD-31

--- EXPRESIONES ---

1. **¿Quieres que pidamos una de calamares y jamón ibérico?**
（イカとイベリコ豚の生ハムを注文しようか？）

2. **Para mí un vino tinto, pero que sea Rioja.** （僕は赤ワインにしよう，できればリオハがいいな）

3. **es mejor que vayas al Reina Sofía,** （ソフィア王妃美術館に行った方がいいよ）

4. **me parece muy bien que los domingos la entrada a los museos nacionales sea gratis.**
（日曜日は国立美術館の入場料が無料というのはとてもいいことだと思う）

Guía Práctica Gramatical 6

CD-32

1. 接続法（その２）（Lección 5 の続き）

A) 接続法現在の活用　（Lección 5 の続き）

2 不規則変化動詞

(1) 語根母音変化動詞

cerrar (cierro)	: c**ie**rre, c**ie**rres, c**ie**rre, cerremos, cerréis, c**ie**rren
perder (pierdo)	: p**ie**rda, p**ie**rdas, p**ie**rda, perdamos, perdáis, p**ie**rdan
sentir (siento)	: s**ie**nta, s**ie**ntas, s**ie**nta, sintamos, sintáis, s**ie**ntan
dormir (duermo)	: d**ue**rma, d**ue**rmas, d**ue**rma, durmamos, durmáis, d**ue**rman
pedir (pido)	: pida, pidas, pida, pidamos, pidáis, pidan

> **注** 書き方が変わる語根母音変化動詞（-gar, -zar, -gir, -guir で終わる動詞）
>
> **empezar** (empiezo) : **empiece, empieces, empiece, empecemos, empecéis, empiecen**
>
> **seguir** (sigo) : **siga, sigas, siga, sigamos, sigáis, sigan**
>
> **jugar** (juego) : **juegue, juegues, juegue, juguemos, juguéis, jueguen**

No creo que **llueva** esta tarde.　(←llover)

Les pido a los niños que **duerman** tranquilamente.　(←dormir)

(2) 直説法現在１人称単数形を基につくられる動詞

hacer (hago)	: **haga**, hagas, haga, hagamos, hagáis, hagan
oír (oigo)	: **oiga**, oigas, oiga, oigamos, oigáis, oigan
tener (tengo)	: **tenga**, tengas, tenga, tengamos, tengáis, tengan
decir (digo)	: **diga**, digas, diga, digamos, digáis, digan
ver (veo)	: **vea**, veas, vea, veamos, veáis, vean
conocer (conozco)	: **conozca**, conozcas, conozca, conozcamos, conozcáis, conozcan

Quiero que **vengas** a la fiesta de cumpleaños.　(←venir)

Es increíble que **tenga** 80 años.　(←tener)

(3) 直説法現在の１人称単数が **-o** で終わらない６動詞

dar (doy)	: **dé, des, dé, demos, deis, den**
estar (estoy)	: **esté, estés, esté, estemos, estéis, estén**
ser (soy)	: **sea, seas, sea, seamos, seáis, sean**
ir (voy)	: **vaya, vayas, vaya, vayamos, vayáis, vayan**
haber (he)	: **haya, hayas, haya, hayamos, hayáis, hayan**
saber (sé)	: **sepa, sepas, sepa, sepamos, sepáis, sepan**

No creo que **haya** partido de fútbol esta noche.　(←haber)

Niego que **sea** verdad lo que dice el periódico de hoy.　(← ser)

Es una lástima que **os vayáis** tan pronto.　(← irse)

B) 接続法現在の用法　（Lección 5 の続き）

2 **形容詞節**：先行詞が特定できない場合あるいは主節が形容詞節の内容を否定する場合に，従属節の中で接続法を用いる．

Estoy buscando una secretaria que **hable** inglés y español.　(← hablar)

（英語とスペイン語ができる秘書をひとり探しているところだ）

→ 秘書はまだ特定されていない．

Conozco a una secretaria que <u>habla</u> inglés y español.

（英語とスペイン語の話せるひとりの秘書を私は知っている）

→ 英語とスペイン語が堪能な，実在する秘書を知っている．

Busco una casa que **tenga** jardín.　(← tener)

He comprado una casa que <u>tiene</u> jardín.

No hay mal que **dure** cien años.　(← durar)

（百年も続くような不幸はない　→　待てば海路の日和あり）

¿Hay alguien en esta clase que **sepa** árabe?　(← saber)

2. 接続法現在完了

助動詞 **haber** が接続法現在に変化する．まだ実現していない事柄や事実かどうか不明な事柄を完了的な意味を込めて表す．

haber の接続法現在＋過去分詞 (無変化)		
haya	hayamos	
hayas	hayáis	+ hablado, comido, vivido, escrito
haya	hayan	

No creo que don José lo **haya dicho** en serio.　(← decir)

Me alegro de que mi amigo **haya conseguido** la beca del gobierno.　(← conseguir)

Temo que ya **haya salido** el tren.　(← salir)

Lástima que **hayas llegado** tarde al maravilloso concierto de esta noche.　(← llegar)

¿Hay alguien aquí que **haya estado** alguna vez en España?　(← estar)

Necesitamos un joven que **se haya especializado** en Informática.　(← especializarse)

[A-1] （　　）内の不定詞を接続法現在に活用させなさい．

1) Me han dicho que (volver-　　　　　　　　) a casa pronto.
2) Me alegro mucho de que todos (estar-　　　　　　　　) bien en su familia.
3) No es cierto que lo (saber-　　　　　　　) mis amigos.
4) Es muy natural que Roberto (estar-　　　　　　　　) enfadado conmigo.
5) Niego que (ser-　　　　　　) verdad lo que dicen los vecinos.
6) Dudo que Don Juan (decir-　　　　　　　) esas tonterías.
7) ¿Hay alguien aquí que (poder-　　　　　　　) manejar esta máquina?
8) Llaman a la puerta. ¿No hay quien (ir-　　　　　　　) a abrir?
9) Con este dinero puedes comprar lo que (querer-　　　　　　　).
10) Veremos una película que (ser-　　　　　　　) divertida.

[A-2] （　　）内の不定詞を接続法現在完了に活用させなさい。

1) No creo que (llover-　　　　　　　) esta tarde.
2) Es una lástima que (irse-　　　　　　)(tú) tan pronto.
3) Es muy probable que mis padres (enterarse-　　　　　　　) de ese secreto.
4) ¿Hay alguien en esta clase que (estar-　　　　　　　) alguna vez en Uruguay?
5) Buscamos un empleado que (trabajar-　　　　　　　) en alguna agencia de viajes.

[B] （　　）内の不定詞を接続法現在もしくは接続法現在完了に活用させなさい．

1) No creo que (haber-　　　　　　) asientos libres en el teatro a esta hora.
2) ¿Conoces a alguien que (ver-　　　　　　) ya esa película argentina?
3) Dudo que ese joven tan inteligente (decir-　　　　　　　) esas tonterías. Estoy
   seguro de que no las ha dicho porque es una persona muy seria.
4) Iremos de excursión al lago Kawaguchi, así que esperamos que
   (hacer-　　　　　　) buen tiempo mañana.
5) ¡Niños, ya es hora de que (acostarse-　　　　　　　)!
6) En esa compañía se necesita una empleada que (tener-　　　　　　　)
   conocimientos de programación.
7) Sueño con vivir en una isla tropical donde no (haber-　　　　　　　) coches ni
   luz eléctrica, es que ya estoy harto de vivir en la gran ciudad.
8) En español no hay ninguna expresión que (corresponder-　　　　　　　) al
   japonés "tadaima".
9) A partir de ahora no haré caso de lo que (decir-　　　　　　　) mis compañeros.

10) — ¿Entre vosotros hay alguien que (saber-　　　　　　　) informática?
　　 — Lo siento, pero aquí no hay nadie que (aprender-　　　　　　　) eso.

[C] 以下の文をスペイン語で表現しなさい.

1) お父様が今朝, 亡くなったなんて本当にお気の毒です.

2) あなた方がお元気なので私はとてもうれしいです.

3) 私たちは君にいつかはスペインに行って欲しいのです.

4) その映画を是非ご覧になるようにあなた方にお薦めします.

5) 君は今すぐ彼と連絡を取った (ponerse en contacto con...) 方がいいよ.

6) 友人たちがそのことを知っているなんてまさか!

7) 部屋が5つ以上 (más de...) ある家を私たちは探しています.

8) どなたか中国語ができる人をご存じないですか?

9) 君は何でもいいから私に尋ねてもいいよ.

10) 彼のことをとやかく言える (poder criticar) ような人は誰もいません.

Lectura 6 | *Pintura y museos*

España es un país de grandes pintores que han aportado conocidas obras maestras a la pintura universal, que podemos ver en los museos españoles. Los más visitados son el **Museo del Prado**, el **Reina Sofía** (Madrid), el **Museo Picasso** (Barcelona), el **Museo Dalí** (Figueras) y el **Guggenheim** (Bilbao).

En el Museo del Prado se encuentran las obras de Velázquez (1599-1660) y Goya (1746-1828). **Diego de Silva y Velázquez** fue pintor de la corte. De estilo barroco, es el gran maestro de la perspectiva y la luz. Sus pinturas más famosas son " Las Meninas", "Las Lanzas" y "Las Hilanderas".

Francisco de Goya reflejó en sus cuadros las costumbres de la sociedad española, así como los acontecimientos históricos y políticos de la época. Realizó numerosos retratos de la familia del rey y otros personajes. Sus pinturas más famosas son "Los fusilamientos de la Moncloa", "La maja vestida" y "La maja desnuda".

Pablo Picasso (1881-1973), es el gran genio de la pintura del siglo XX. Fue el creador del cubismo y un gran experimentador de nuevas técnicas. Su pintura más famosa es el "Guernica". Sus obras están repartidas por museos de todo el mundo.

Estatua de Velázquez (Madrid)

Lección 7　¡Que seáis muy felices!

CD-36

(En un restaurante, se celebra el banquete de la boda de Antonio y Sonia. Makoto felicita a los novios.)

Voz	:	¡Vivan los novios!
Todos	:	¡Viva! ¡Que se besen! ¡Que se besen!
Makoto	:	¡Sonia, Antonio! ¡Enhorabuena! **¡Que seáis muy felices!**
Sonia	:	Muchísimas gracias, Makoto. ¿Qué tal lo estás pasando en la boda?
Makoto	:	¡Fenomenal! Hay muchas costumbres diferentes a Japón. Me parece muy extraño que los invitados tiren arroz a los novios.
Sonia	:	Es una antigua costumbre **para desear a los novios que tengan muchos hijos y que nunca les falte comida**.
Makoto	:	Y **lo que más me gusta es que toda la familia se reúna**. Gracias a esta boda he podido ver a toda la familia. ¡Estáis elegantísimos!
Antonio	:	Sí, pero por poco tiempo porque pronto me quedaré sin corbata.
Makoto	:	¡¿Cómo?!
Sonia	:	Sí, en las bodas españolas hay otra costumbre muy curiosa: algunos amigos le quitan la corbata al novio, la cortan en trozos pequeños y los venden entre los invitados **para que con el dinero ayuden a los novios**. Mira, ya vamos a partir la tarta y después habrá baile. ¿Te gusta bailar?
Makoto	:	Pues no mucho, pero **Laura me ha pedido que baile con ella**.

CD-37

EXPRESIONES

1. **¡Que seáis muy felices!** （君たちがどうか幸せになりますように！）
2. **para desear a los novios que tengan muchos hijos y que nunca les falte comida.**
   （新郎新婦がたくさん子供に恵まれ，食べ物にも事欠かない（困らない）ようにと願いをこめて）
3. **lo que más me gusta es que toda la familia se reúna.**
   （何と言っても家族全員が集まるというのがいい）
4. **para que con el dinero ayuden a los novios.** （そのお金でカップルを援助するために）
5. **Laura me ha pedido que baile con ella.** （ラウラに一緒に踊ってと頼まれているんだ）

Guía Práctica Gramatical 7

CD-38

1. 接続法（その3）（Lección 6 の続き）

B) 接続法現在の用法 （Lección 6 の続き）

3 副詞節：副詞節の内容が以下のようにまだ実現していない，または事実かどうか不明の
事柄を表す場合に接続法を用いる．

★ **内容が未確定であるため常に接続法を従える.**

1) **目的**を表わす副詞節： *para que..., a fin de que..., no sea que...* など

Hable usted despacio para que le **entendamos** bien. （←entender）

2) **条件**を表わす副詞節：

*en (el) caso de que..., con tal (de) que..., a condición de que..., a menos que...,
a no ser que...* など

En el caso de que te **pase** algo, avísame al instante. （←pasar）

Te lo diré con tal que lo **guardes** en secreto. （←guardar）

3) **否定**を表わす副詞節： *sin que...* など

Voy a arreglar el asunto sin que lo **sepa** mi familia. （←saber）

★ **内容が未確定な場合のみ接続法を従える.**

4) **時**を表わす副詞節：

*cuando..., hasta que..., en cuanto..., tan pronto como..., después de que...,
mientras que..., siempre que...* など

Cuando **vea** usted a Rosa, dígale que estoy bien. （←ver）

Pase usted por mi casa cuando **tenga** tiempo libre. （←tener）

Pueden ustedes venir a verme cuando **quieran**. （←querer）

Debe usted guardar cama hasta que **se sienta** mejor. （←sentirse）

Avísame en cuanto **aparezca** Alicia. （←aparecer）

Nunca olvidaré su amabilidad mientras **viva**. （←vivir）

Llámeme por teléfono siempre que **necesite** mi ayuda. （←necesitar）

5) **方法**を表わす副詞節：

como..., según..., de forma que..., de modo que..., de manera que... など

Hazlo como te **parezca** mejor. （←parecer）

Pon los muebles de manera que **quede** bonita la habitación. （←quedar）

6) **譲歩**を表わす副詞節：

aunque..., aun cuando..., por + 形容詞・副詞 + que... など

Aunque me lo **jures**, no te creo. （←jurar）

Aun cuando **se oponga** mi padre, voy a casarme contigo. （←oponerse）

Por muy ocupado que **esté**, asistirá a la boda. （←estar）

注1 副詞節の内容が事実あるいは習慣的行為を表わす場合は直説法，内容が未確定なあるいは仮説（仮定）的な場合には接続法を用いる.

> Aunque <u>tengo</u> dinero, no voy a comprar ese reloj.
>> （〔実際に〕お金はあるけれども私はその時計は買わない）
>
> Aunque *tenga* dinero, no voy a comprar ese reloj.
>> （たとえお金があっても私はその時計は買わない）（仮定の話）

注2 接続法の動詞を2回繰り返して「たとえ〜であっても」という譲歩を表す.

> *Pase* lo que *pase*, voy a cumplir lo prometido.　（←pasar）
>
> *Haga* el tiempo que *haga*, vamos a ir de excursión mañana.　（←hacer）
>
> *Vayas* a donde *vayas*, voy contigo.　（←ir）
>
> *Sea* como *sea*, tenemos que tener en cuenta todas las posibilidades.　（←ser）

CD-39

☐4 **独立文**：以下のような場合には接続法を用いる.

　1）願望文：「どうか〜しますように」

> ¡Que en paz **descanse**!　（←descansar）
>> （どうか安らかに眠らんことを！）（**q.e.p.d.** や **Q.E.P.D.** と略される）
>
> Que **aproveche**. — Gracias, igualmente.　（←aprovechar）
>
> ¡Que **sean** bienvenidos!　（←ser）
>
> ¡Ojalá (que) me **toque** la lotería!　（←tocar）
>
> ¡**Viva** México! ¡**Viva** la Independencia!　（←vivir）

　2）間接命令文：「〜するように」

> Que **espere** un momento.　（←esperar）
>
> （ちょっと待ってもらってください.）

　3）疑惑文：「もしかすると〜であるかもしれない」（接続法の場合は直説法よりも可能性が低い）

> Tal vez **tengas** razón.　（←tener）（もしかすると君の言う通りかもしれない）
> Tal vez <u>tienes</u> razón.　（多分，君の言うとおりだ）
>
> Quizá **sea** verdad lo que dice el periódico.　（←ser）
>> （新聞に書いてあることはもしかしたら事実かもしれない）
> Quizá <u>será</u> verdad.　（多分，事実だろう）
>
> Acaso no lo **sepan**.　（←saber）（ひょっとすると彼らはそのことを知らないのかもしれない）
> Acaso no lo <u>saben</u>.　（多分，彼らはそのことを知らないのだろう）

> **注** acaso は **tal vez, quizá (quizás)** よりも疑惑の念が強い.

Ejercicios 7

[A] (　　) 内の不定詞を接続法現在に活用させなさい.

1) Hablo despacio para que me (entender-　　　　　　　　) bien los estudiantes.

2) En el caso de que te (pasar-　　　　　　　　) algo imprevisto, avísame enseguida.

3) Te diré el secreto con tal de que me lo (guardar-　　　　　　　　).

4) ¿Por qué no pones la lámpara de modo que la luz te (dar-　　　　　　　　) más directamente?

5) A menos que (llover-　　　　　　　　), vamos de excursión mañana.

6) No podemos salir de la sala sin que nos (ver-　　　　　　　　).

7) Cuando (ir-　　　　　　　　) a Madrid, visite el Museo del Prado.

8) Voy a comprar un ordenador cuando (tener-　　　　　　　　) dinero.

9) ¡Qué calor! Hoy salimos a pasear después de que (ponerse-　　　　　　　　) el sol.

10) Les esperaremos hasta que (venir-　　　　　　　　).

11) Te llamaré tan pronto como (llegar-　　　　　　　　) allí.

12) Nunca te olvidaré mientras que yo (vivir-　　　　　　　　).

13) Aunque mi amigo me lo (pedir-　　　　　　　　), no se lo digo.

14) Por muy rico que (ser-　　　　　　　　), no pienso casarme con él.

15) Por más frío que (hacer-　　　　　　　　), siempre me levanto muy temprano.

[B] (　　) 内の不定詞を接続法現在に活用させなさい.

1) Mañana iremos de excursión a Toledo. ¡Ojalá no (llover-　　　　　　　　)!

2) ¡Ojalá (tener-　　　　　　　　) Ud. mucho éxito en sus negocios!

3) Luis y María se han casado. ¡Que (ser-　　　　　　　　) felices!

4) ¡Que (pasar-　　　　　　　　)(usted) unas buenas vacaciones!

5) (Ser-　　　　　　　　) como (ser-　　　　　　　　), vamos a terminar este trabajo.

6) (Pasar-　　　　　　　　) lo que (pasar-　　　　　　　　), voy a hacer lo que me dijiste.

7) (Querer-　　　　　　　　) o no (querer-　　　　　　　　), debes hacerlo.

8) (Hacer-　　　　　　　　) el tiempo que (hacer-　　　　　　　　), nos marcharemos mañana temprano.

9) Quizás no (verse-　　　　　　　　) tú y yo en la fiesta, es que habrá mucha gente.

10) Tal vez no (venir-　　　　　　　　) muchos invitados a la fiesta.

[C] 以下の文をスペイン語で表現しなさい.

1) 君に読んでもらうためにこの小説を持ってきたよ.

2) すぐに君が来るなら (con tal de que)，私たちはここで君を待ちます.

3) 困ったときには遠慮なく (con toda confianza) 私に電話をかけてください.

4) 君たちはいつでもいいから私に会いに来てもいいよ.

5) 熱が下がる (bajar la fiebre) まで君は起きてはいけないよ.

6) マリアが1日も早く (cuanto antes) よくなりますように！

7) 明日はサッカーの試合があるんだけど，どうか晴れますように！

8) たぶん彼らは明日はここに来ないでしょう.

9) たとえ何が起ころうとも私はできる限りのことをするつもりです.

10) 独立，万歳！　民主主義，万歳！

Lectura 7 — *Cervantes y el Quijote*

El Quijote está considerado una de las obras cumbres de la literatura universal de todos los tiempos. Su escritor fue **Miguel de Cervantes Saavedra**, que nació en Alcalá de Henares, cerca de Madrid, en 1547. Tuvo una vida muy accidentada. Participó en la batalla de Lepanto, donde perdió el brazo izquierdo. Murió en 1616, casualmente en la misma fecha que Shakespeare.

La primera parte de *El ingenioso hidalgo Don Quijote de la Mancha* apareció en Madrid en 1605. La obra es una sátira de las novelas de caballería. El hidalgo manchego Alonso Quijano pierde la razón por leer libros de caballería. Tomando el nombre de Don Quijote de la Mancha, decide abandonar su hacienda y familia en compañía de Sancho Panza, su fiel escudero y vivir como un caballero andante, defendiendo a los débiles y luchando contra las injusticias del mundo. La novela está llena de aventuras extravagantes que representan el choque de la realidad y la fantasía. Por ejemplo, cuando Don Quijote se lanza contra unos molinos de viento a los que considera enemigos gigantes.

El Quijote es el libro más traducido a otros idiomas despúes de la *Biblia*, unos 50. La obra, además de ser un excelente retrato de la sociedad de la época, nos muestra sencilla, pero brillantemente, la lucha entre el idealismo y el realismo que sienten todos los hombres en su interior.

Estatua de Cervantes (Alcalá de Henares)

Lección 8 — Me gustaría que no ganara ninguno de los dos.

CD-41

Carlos	:	Mirad, he conseguido tres entradas para *el clásico*. ¿Queréis venir conmigo?
Makoto	:	Oye, Carlos, ¿puedes explicarnos qué es *el clásico*?
Carlos	:	Sí, claro. En la liga española hay dos equipos que, por su historia y por el número de seguidores que tienen, siempre son el centro de atención: el Real Madrid y el F.C. Barcelona. Llamamos *el clásico* a sus partidos.
Ken	:	¡Qué bien! Tenía muchas ganas de ver fútbol en España. Espero que gane el Barcelona. Me gustan mucho los jugadores que tiene.
Makoto	:	A mí, la verdad, no me interesa tanto el fútbol, pero me gustaría ver qué ambiente hay en un campo de fútbol. ¿Son peligrosos los estadios?
Carlos	:	¡Hombre, depende! Si te sientas entre aficionados violentos, puede ser peligroso, pero si vas con gente normal, no hay peligro.
Ken	:	**¿Qué equipo quieres que gane?**
Carlos	:	Me da lo mismo. En realidad, **me gustaría que no ganara ninguno de los dos**. Mi equipo es el Sevilla, que va detrás de ellos en la clasificación.
Ken	:	Este año el Sevilla está jugando muy bien, pero **no creo que pueda ganar al Madrid o al Barcelona**. Estos equipos gastan mucho dinero en fichar buenos jugadores.
Makoto	:	**Es posible que tengas razón, pero eso no evitó que los dos equipos perdieran muchos partidos el año pasado**.

CD-42

EXPRESIONES

1. **¿Qué equipo quieres que gane?** （君はどのチームに勝ってほしいの？）
2. **me gustaría que no ganara ninguno de los dos.**
   （できれば2チームのどちらのチームにも勝って欲しくないんだ）
3. **no creo que pueda ganar al Madrid o al Barcelona.** （マドリードやバルセロナに勝てるとは思えない）
4. **Es posible que tengas razón,** （君の言うとおりかも知れない）
5. **pero eso no evitó que los dos equipos perdieran muchos partidos el año pasado.**
   （しかしそうはいっても（しかしそれでも）この2つのチームは去年は多くの試合に負けたじゃないか）

Guía Práctica Gramatical 8

CD-43

1. 接続法過去

A) 活用：直説法点過去3人称複数の活用形から最後の -ron を取り除き，次の語尾をつける.

> **-ra 形 ： -ra, -ras, -ra, -ramos, -rais, -ran**

＊接続法には -ra 形と-se 形があるが，本書では -ra 形だけを取り上げる.

-se 形：-se, -ses, -se, -semos, -seis, -sen

＊アクセントの位置はすべて一定（語尾の直前の母音）なので，1人称複数にはアクセント符号が必要.

hablar (hablaron)		**comer** (comieron)		**vivir** (vivieron)	
hablara	habláramos	comiera	comiéramos	viviera	viviéramos
hablaras	hablarais	comieras	comierais	vivieras	vivierais
hablara	hablaran	comiera	comieran	viviera	vivieran

B) 用法：直説法の点過去，線過去，過去未来に対応する. 主に主節の動詞が過去時制で，従属節に接続法が要求される場合に用いられる.

> Hablo despacio para que me <u>entiendan</u> bien los estudiantes.
> Hablé despacio para que me **entendieran** bien los estudiantes.

1 従属節に接続法過去が用いられる場合 （名詞節，形容詞節，副詞節）

Es muy extraño que mis amigos **hicieran** tales tonterías en el viaje. (← hacer < hicieron)

Sentí mucho que no **pudierais** venir a la fiesta de cumpleaños. (← poder < pudieron)

Yo quería que **vinieras** a mi casa a comer. (← venir < vinieron)

Yo no creía que **fuera** verdad lo que decía el periódico. (← ser < fueron)

Buscaban una secretaria que **hablara** español y japonés. (← hablar < hablaron)

No podíamos salir del salón sin que nos **vieran**. (← ver < vieron)

Le presté una novela para que la **leyera**. (← leer < leyeron)

Juan me dijo que, **pasara** lo que **pasara**, haría todo lo posible por mí. (← pasar < pasaron)

2 独立文 （現在の事実に反する願望や疑惑を表わす）

¡Ojalá que **estuviera** aquí mi novio ! (← estar < estuvieron)

Tal vez no **entendieran** bien lo que les dije. (← entender < entendieron)

3 婉曲表現 （直説法過去未来に代わる婉曲表現）

Quisiera pedirle un favor. (← querer < quisieron) (= Querría pedirle un favor.)

4 **como si** ＋接続法過去 （「まるで〜であるかのように」の意味を表わす）

Mi amigo habla **como si** lo **supiera** todo. （← saber < supieron）

Don José siempre me trata con cariño, **como si fuera** hijo suyo. （← ser < fueron）

Me siento muy bien, **como si estuviera** en mi casa. （← estar < estuvieron）

El bebé se ríe **como si entendiera** lo que decimos. （← entender < entendieron）

CD-44

2. 接続法過去完了

A) 活用

haber の接続法過去＋過去分詞 （無変化）		
hubiera	hubiéramos	
hubieras	hubierais	+ hablado, comido, vivido, escrito
hubiera	hubieran	

B) 用法：接続法が要求される構文の中で，過去のある時点より以前に行われた事柄を表わす.

Me alegré de que mi amiga **hubiera conseguido** la beca del gobierno.

Buscaban una secretaria que **hubiera aprendido** a programar.

1 名詞節

Yo no creía que don José lo **hubiera dicho** en serio.

Temíamos que **hubieras tenido** un accidente por el camino.

2 形容詞節

¿Había alguien que **hubiera estado** alguna vez en España?

No conocía a ningún alumno que **hubiera aprobado** aquel examen tan difícil.

3 副詞節

Me dijo que me llamaría cuando **hubiera terminado** el trabajo.

Me dijo que me avisaría en cuanto **hubieran vuelto** los niños.

4 独立文

¡Ojalá **hubiéramos estudiado** más antes de ir a España !

Tal vez **hubiera sido** mejor ayudarla un poco más.

[A-1] （　　）内の不定詞を接続法過去に活用させなさい.

1) No podía imaginarme que los dos (ser-　　　　　　　) novios desde hace años.
2) Yo quería que mis compañeros (ponerse-　　　　　　) de acuerdo conmigo.
3) Les pedí que (venir-　　　　　　) lo más pronto posible.
4) Se alegró mucho de que sus padres (estar-　　　　　) muy bien de salud.
5) Yo quería comprar un teléfono móvil que (tener-　　　　　) cámara incorporada.
6) Ella necesitaba a alguien que la (ayudar-　　　　　　) en su despacho.
7) Mi padre no me permitía que (salir-　　　　　) sola por la noche.
8) Quería que tú me (decir-　　　　　) la verdad.
9) Me ordenaron que (quedarse-　　　　　) en casa aquel fin de semana.
10) El profesor les aconsejaba a los estudiantes que (esforzarse-　　　　　) más.

[A-2] （　　）内の不定詞を接続法過去完了に活用させなさい.

1) Me dijo que me prestaría la novela cuando la (leer-　　　　　　).
2) A mí no me importaba que Eva (enfadarse-　　　　　) conmigo.
3) ¿Había alguien que (resultar-　　　　　) herido en el accidente?
4) Buscábamos una persona que (manejar-　　　　　) antes este tipo de
   ordenador.
5) Lástima que ellos no (discutir-　　　　　) bien ese proyecto antes de
   ponerlo en marcha.
6) No conocía a nadie que (estar-　　　　　) en Rusia.
7) ¡Ojalá (tomar-　　　　　) más fotos cuando viajamos por México!
8) Me extrañaba que mi padre no me (decir-　　　　　) nada.
9) Temía que tú (levantarse-　　　　　) tarde.
10) Ellos sentían mucho que (caer-　　　　　) enfermo tu padre.

[B] （　　）内の不定詞を接続法過去もしくは接続法過去完了に活用させなさい.

1) Mi madre me dijo que (regresar-　　　　　) lo más pronto posible.
2) ¿Había alguien que (estar-　　　　　) en España alguna vez?
3) Yo (querer-　　　　　) visitarle a usted mañana.
4) El profesor dijo que era increíble que todavía nosotros no (leer-　　　　　)
   ese estudio.
5) Como canta el Trío los Panchos, "Bésame, bésame mucho, como si
   (ser-　　　　　) esta noche la última vez."

6) Era bastante tarde. Temía que ya (salir-) el tren.

7) En mi clase no había nadie que (estudiar-) en el extranjero.

8) (Ir-) a donde (ir-), yo te
echaba de menos.

9) Le presté un CD con tal que me lo (devolver-siguiente.) al día

10) Sentía que ustedes no (venir-) aquel día a la fiesta de
despedida de Juan.

[C] 以下の文をスペイン語で表現しなさい．

1) 皆さんには是非，私の展覧会（exposición）に来ていただきたかったです．

2) 当時はアメリカに滞在した経験がある人など誰もいませんでした．

3) 医者は私に甘いものを控えるよう（no comer dulces）アドバイスしました．

4) 友人は私たちに誰にも何も言うなと言いました．

5) あんなに遅く帰ったのだから，君の両親がカンカンに怒ったのも当然だった．

6) 先生は私にいつでもいいから家に寄りなさいとおっしゃいました．

7) あんなに誠実な人がうそをついたなんて，私には信じられませんでした．

8) 私たちはアマゾン川をよく知っているようなガイドを探していたんです．

9) スペインを旅行したとき，もっとお土産を買っておくんだった．

10) 私はスペイン語がこんなに面白いなんて思いもしませんでした．

Lectura 8 | *La España del siglo XX*

Hay dos acontecimientos que marcan la historia de España en el siglo XX: el primero es **la Guerra Civil** (1936 - 1939); y el segundo es **la Transición a la democracia** (1975 - 1982).

La inestabilidad política de comienzos del siglo XX condujo al país a una guerra civil que dejó más de un millón de muertos. El 17 de julio de 1936 el general Francisco Franco se puso al frente del ejército de África y entró en la península para terminar con la II República. Tras su victoria estableció una dictadura que duró casi 40 años.

A la muerte del dictador en 1975, Juan Carlos I (nieto del rey anterior) fue proclamado rey de España y se iniciaron los cambios que llevaron a España a convertirse en una democracia. Fue un proceso largo y con muchos problemas, que terminó en 1982 con la llegada de los socialistas al poder.

La alternancia democrática en el poder entre el PSOE (Partido Socialista Obrero Español) y el PP (Partido Popular) ha permitido que se produzca un gran progreso económico y una mejora en las condiciones de vida de la población. Los hechos más significativos de este período han sido el ingreso de España en la UE (Unión Europea) en 1986 y la celebración en 1992 de los Juegos Olímpicos en Barcelona y de la Exposición Universal en Sevilla.

Estadio Olímpico de Barcelona

Televisión	:	¡22.346! ¡El Gordo, señores! ¡Ha salido el Gordo!
Don José	:	¡Qué pena! **Si me hubiera tocado la lotería, me habría comprado una casa en el Caribe y un yate.** María, **¿tú qué harías si te tocara la lotería y fueras muy rica?**
Doña María	:	Pues **si tuviera mucho dinero, viajaría por todo el mundo.** Pero vamos a dejar de soñar, que se acercan las Navidades y hay muchas cosas que preparar.
Don José	:	¿Dónde cenaremos en Nochebuena, el día 24 de diciembre?
Doña María	:	Cenaremos aquí en casa con toda la familia. También vendrá Makoto. Haré cordero asado o quizás besugo.
Don José	:	Sobre todo que no falten turrón y cava para brindar en los postres.
Doña María	:	El día de Nochevieja tomaremos las uvas en casa de Antonio y Sonia, pero no estaremos todos. Carlos y Makoto se irán justo después de las 12. Hay una fiesta en la residencia durante toda la noche.
Don José	:	Este año pienso dejar de fumar el día de Año Nuevo. Ya sabes: "Año Nuevo, vida nueva".
Doña María	:	Todos los años dices lo mismo, pero luego vuelves a fumar. **Espero que los Reyes Magos me traigan un buen regalo.**

EXPRESIONES

1. **Si me hubiera tocado la lotería, me habría comprado una casa en el Caribe y un yate.** (もし私に宝くじが当たったら，カリブ海に家を一軒とヨットを買ったんだがなあ)

2. **¿tú qué harías si te tocara la lotería y fueras muy rica?**
   (もし君に宝くじが当たって，大金持ちになったら何をする？)

3. **si tuviera mucho dinero, viajaría por todo el mundo.**
   (もしたくさんお金があったら，世界中を旅行するんですけどねえ)

4. **Espero que los Reyes Magos me traigan un buen regalo.**
   (東方の三博士が素敵なプレゼントを持って来てくれるのを楽しみにしているわ)

Guía Práctica Gramatical 9

CD-48

1. 条件文

接続詞 **si** を用いて「もし～ならば，～である」の意味を表わす文を**条件文**という．その内容によって，実現可能性のあるものや事実そうである可能性のある**現実的条件文**と，事実とは反対の仮定を表わす**非現実的条件文**とがある．

1) 現実的条件文

条件節（もし～ならば）	帰結節（～である；～だろう）
si + 直説法	直説法・命令など

Si *llueve*, *voy* en coche a la oficina.

Si no *tiene* usted inconveniente, *venga* aquí mañana.

Si *es* posible, *desearía* hablar con usted ahora mismo.

Si *ha leído* usted ya el periódico, *déjemelo*, por favor.

Me dijo que *estaría* en casa si *llovía* al día siguiente.

> **注** **si** 条件節には接続法現在形は用いない．
>
> （×）Si *llueva*, voy en coche a la oficina.

CD-49

2) 非現実的条件文

条件節		帰結節		
現在	si + 接続法過去	現在	直説法過去未来	①
		過去	直説法過去未来完了	②
過去	si + 接続法過去完了	現在	直説法過去未来	③
		過去	直説法過去未来完了	④

① **条件節と帰結節の内容がともに現在の事実に反する場合**

　Si yo *fuera* tú, no *haría* tales tonterías.

（もし私が君ならば，そのような馬鹿げたことはしないだろう）

　Si *tuviera* tiempo, *iría* a España.

（もし私に時間があれば，スペインに行くのに）

　¿Qué *harías* si te *tocara* la lotería?

（もし君に宝くじが当ったらどうする？）

② **条件節の内容が現在の事実に反し，帰結節の内容が過去の事実に反する場合**

　Si *fuera* hijo mío, le *habría regañado* mucho.

（もし彼が私の息子なら，ひどく叱りつけただろう）

Si yo *tuviera* buena voz, me *habría gustado* ser cantante.

(もし私がいい声なら，歌手になりたかったのに)

③ **条件節の内容が過去の事実に反し，帰結節の内容が現在の事実に反する場合**

Si *me hubiera casado* entonces, ya *tendría* hijos.

(私がもしその時結婚していたら，もう子供がいるだろう)

Si *hubiéramos tomado* ese avión, ya *estaríamos* en Madrid.

(もしその飛行機に乗っていたら，私たちはもうマドリードにいるだろう)

④ **条件節と帰結節の内容がともに過去の事実に反する場合**

Si yo *hubiera tenido* dinero, *habría comprado* un chalet.

(もし私にお金があったら，別荘の一軒ぐらい買っただろう)

Yo no *habría ido* allí si *hubiera sabido* que no estaba usted.

(もしあなたがご不在だということを知っていたら，私はそちらには行かなかったでしょう)

注1 **de** + 不定詞でも「もし～ならば，～したら」のように非現実的な仮定を表現できる．

(→ p.10, **2. B)** ③ を参照)

De ser verdad lo que dicen, *se enfadaría* mucho mi padre.

(もしうわさが本当ならば，私の父はとても怒るだろう)

注2 **como si** + 接続法過去 (-ra形が一般的) :「まるで～であるかのように」の意味を表す．

(→ p.46 ④ を参照)

注3 譲歩文

現実的譲歩文の譲歩節には直説法を用いる．

Aunque <u>tengo</u> dinero, no pienso comprar tal cosa.

(私はお金はあるけれども，そんなものは買わない)

Por mucho que <u>fuma</u>, siempre está muy bien de salud.

(彼はタバコをたくさん吸うのに，いつも健康そのものだ)

仮定的譲歩文の譲歩節には接続法を用いる．

Aunque *tenga* dinero, no voy a comprar tal cosa.

(私はたとえお金があっても，そんなものを買うつもりはない)

Por mucho que *fume*, siempre estará muy bien de salud.

(彼はどんなにたくさんタバコを吸っても，いつも健康そのものだろう)

Ejercicios 9

[A] （　　）内の不定詞を接続法過去または直説法過去未来に活用させ，現在の事実に
反する条件文にしなさい.

1) No creo que venga a la reunión. Pero si (venir-　　　　　　　　), se lo
   (decir-　　　　　　　).

2) Tengo muchas ganas de verte. Si (ser-　　　　　　　) un pájaro,
   (poder-　　　　　　　) volar hasta donde vives.

3) Si yo (tener-　　　　　　) dinero, (comprarse-　　　　　　) un yate
   magnífico y (dar-　　　　　　) una vuelta al mundo con mis amigos.

4) Si (poder-　　　　　　) volver a mi juventud, (casarse-　　　　　　)
   contigo.

5) Si nos (quedar-　　　　　　) tiempo, nos (gustar-　　　　　　) visitar
   el Museo del Prado.

6) Si yo (ser-　　　　　　) tan guapa como tú, (hacerse-　　　　　　)
   actriz.

7) No (haber-　　　　　　) vida en la Tierra sin el calor del sol.

8) Yo que tú, no (hacer-　　　　　　) esas tonterías.

9) De ser el primer ministro, yo (hacer-　　　　　　) todo lo posible para mejorar
   las relaciones diplomáticas entre ambos países.

10) Mi amigo habla como si lo (saber-　　　　　　) todo.

[B] （　　）内の不定詞を接続法過去完了または直説法過去未来完了に活用させ，過去
の事実に反する条件文にしなさい.

1) Si nosotros (llegar-　　　　　　) unos minutos más tarde,
   no (poder-　　　　　　) tomar el avión.

2) Si lo (hacer-　　　　　　)(tú) en el primer momento,
   no (pasar-　　　　　　) lo que pasó después.

3) Si yo (conocer-　　　　　　) una mujer como ella hace 40 años,
   (casarse-　　　　　　) con ella y ya tendría nietos.

4) Si yo (saber-　　　　　　) conducir,
   (poder-　　　　　　) llegar a tiempo.

5) Si yo (estar-　　　　　　) en tu lugar entonces,
   no (hacer-　　　　　　) tal cosa.

6) Si tú (seguir-　　　　　　) mi consejo,
   no (fracasar-　　　　　　).

7) Si tú me lo (decir-　　　　　　),
   yo no (hacer-　　　　　　) tales tonterías.

53

8) Si yo (tomar-   ) ese avión,
    (morir-   ) en el accidente.

9) Si yo (ser-   ) ladrón,
    ya te (robar-   ) la cartera.

10) Si (hacer-   ) buen tiempo aquel día,
    nosotros (subir-   ) a la montaña.

[C] 以下の文をスペイン語で表現しなさい.

1) 明日, 時間があったら, 映画に行こうよ.

2) もし君が先生だったら, 生徒たちにどのようにアドバイスする？

3) もし暇とお金があったらば, 南米を旅行するのになあ.

4) もし今, 地震が起きたら, あなたたちはどうしますか？

5) まるで雲の上で寝ているかのように気持ちいい (sentirse bien).

6) たとえどんなに忙しくても私は結婚式に出席します.

7) あの時商売がうまくいっていれば (salir bien), 私は家を手放す (売る) こともなかったのに.

8) もし私が君の父親だったら, 夜中に一人で外出するのを許さなかっただろう.

9) もし, ずっと前に知り合っていたら, 僕たちは結婚していたかもね.

10) あの時どんなにたくさんスペイン語の単語を覚えたとしても, 文法の知識がなかったら (sin los conocimientos de gramática) 今のようにはスペイン語を話せなかっただろう.

Lectura 9 — *La lengua española*

España es una nación multilingüe. Además del español se hablan otras dos lenguas románicas —el gallego y el catalán— y otro idioma de origen desconocido: el vasco o euskera. También se derivan del latín, el italiano, el francés, el portugués y el rumano.

Muchas palabras españolas provienen de los diferentes pueblos que habitaron la península. Algunos ejemplos son: *blanco, rico, guerra,* de la lengua visigoda; *algodón, almohada, almacén,* del árabe, que aportó el mayor número de vocablos. También hay palabras que provienen del vasco, por ejemplo: *boina, gorra, pizarra.*

Tras la llegada de los españoles a América, el español se enriqueció con la entrada de muchos términos procedentes de las lenguas prehispánicas: del arahuaco (*canoa, iguana, huracán*), del náhuatl (*chocolate, tomate, aguacate*), del quechua (*cóndor, papa, quena*) entre otras.

Después del inglés y el chino, el español es la tercera lengua con mayor número de hablantes en el mundo: además de España y los países latinoamericanos, también se habla en Guinea Ecuatorial, en África. Actualmente el español está presente en amplias zonas de Estados Unidos, sobre todo en aquellas donde la población inmigrante es más numerosa.

Cartel bilingüe vasco / español (Pamplona)

VOCABULARIO INTERMEDIO
本テキストで使われたステップアップ語彙

- 語彙は課ごとに区切り，それぞれ **Diálogo, Guía Práctica Gramatical, Ejercicios, Lectura** に出てくる順番に従って並べました.
- 名詞，動詞，形容詞を中心に選び，その他の品詞に関しては，重要と思われるものだけを選びました.
- 複数の課において使われている語彙は，初出の課のみに記載しました.
- 基本的に名詞は無冠詞で，形容詞は男性単数形で記載しました.

Lección 1

[Diálogo]

al mediodía, bienvenido, de todas formas, desayuno, divertirse, llamar (por teléfono), los días de diario, más o menos, madrugada, morirse de hambre, preocuparse, recordar, residencia, soler +*inf.*, todo el mundo

[Guía Práctica Gramatical]

agencia de viajes, camisa de rayas, hace una semana [<hacer], hoja, marido, ordenador, terremoto, puente

[Ejercicios]

alguna vez, anteayer, autopista, boda, dentro de poco, el otro día, en avión, entonces, estómago, ir al trabajo, nacer, tener buena suerte

[Lectura]

acostarse tarde, colegio, continuo, costumbre, elegir, en general, espectáculo, excepto, extranjero, frecuente, grandes almacenes, hipermercado, horario, instituto, jornada, la mayoría de, libertad, los fines de semana, lugar de diversión, partido, por esta razón, sorprender*le a uno*

Lección 2

[Diálogo]

a propósito, acostumbrarse a, chiringuito, hace calor [<hacer], llueve [<llover], sin problemas, temperatura, un rato

[Guía Práctica Gramatical]

abuela, aeropuerto, al día siguiente, ayuda, Canadá, casarse, fecha, indicar, la semana que viene, plato, probar

[Ejercicios]

a esta hora, a lo mejor, acabar, al final, conseguir, despacho, devolver, diamante, en su lugar, entrada, gustar*le a uno*, mojado, novela, novia, partido de béisbol, prestar, prometer, recoger, regalar, seguramente, suelo, tía, tráfico, vecino

[Lectura]

archipiélago de las Baleares, aumento, comunidad autónoma, Constitución, continente europeo, costa africana, defensa nacional, educación, encontrarse (en), este, estrecho de Gibraltar, Europa, formado (por), frontera, gobierno central, habitante, inmigración, Islas Canarias, Mar Cantábrico, Mar Mediterráneo, millón, montañoso, norte, obras públicas, Océano Atlántico, oeste, parlamento, Península Ibérica, Pirineos, política exterior, policía, sanidad, seguridad, separar (A de B), situado (en), sur, suroeste, transporte

Lección 3

[Diálogo]

Ayuntamiento, cartón, cera, colocar, concierto, corridas de toro, enseñar, falla, figura, fuego aritificial, levantarse tarde, me gustaría +*inf*., quedarse (en), quedarse +*ger*., quemar, representar

[Guía Práctica Gramatical]

acabar de +*inf*., arrepentirse (de), atreverse a +*inf*., aumentar, complicado, coreano, diariamente, enamorarse de, estar sentado (en), fama, lavarse las manos, millonario, mutuamente, ponerse la corbata

[Ejercicios]

abrigo, alquiler, animación, antes de, camarero, colorado, cortarse el pelo, delante de, después de, enseguida, entrada principal, espejo, esta mañana, jardín de infancia, maquillarse, navaja, novela policíaca, ofender, parecerse (a), perder el tren, primo, tener que +*inf*., tener sed

[Lectura]

a caballo, a pie, adornado (con), arrojar, atrevido, breve, casco antiguo, caseta, durar, encierro, estrecho, Fallas de Valencia, Feria de Abril de Sevilla, fiesta, fijo, hacerse famoso, llamado, los unos a los otros, luz, Maestranza, mantener, mozo, participante, peligroso, pese a, plaza de toros, recinto, Sanfermines de Pamplona, Semana Santa, tener lugar (en), Tomatina de Buñol, traje tradicional, visitante

Lección 4

[Diálogo]

acudir, apóstol, aprovechar, Burgos, Camino de Santiago, catedral, católico, cuerpo, detrás de, Edad Media, en bicicleta, en realidad, enterrado, Galicia, hacer turismo, Jerusalén, Jesús, La Coruña, León, pasear (por), peregrino, por supuesto, recorrer la ruta, ruta de peregrinación, Santiago de Compostela, Santiago el Mayor, tercero

[Guía Práctica Gramatical]

alquilar, andén, anuncio, aparecer, arquitecto, cartera, centro comercial, cigarrillo, compra, contrato, control de pasaporte, diseñar, diseño, documentación, electrodoméstico, entrevistar, estar prohibido, FM (Frecuencia Modulada), llamar a la puerta, medio ambiente, mensual, ocurrírse*le a uno*, oiga, olvidárse*le a uno*, otorgar, pasárse*le a uno*, periodista, placita, polígono industrial, premio, primero, rascacielos, robar, sello, tarjeta de crédito

[Ejercicios]

a mano, a veces, ajustar, atacar, burrada, cantidad (de), cartero, cerradura, de repente, dependienta, detener, escaparate, fabricar, grano, lámpara, llegadas internacionales, mochila, multa, notar, pendiente, pestillo, postre, publicar, recomendar, regalo, soltar, tonelada (de), tostada

[Lectura]

Acueducto de Segovia, Alhambra de Granada, altura, ampliar, arcada, arco, argamasa, arte musulmán, artístico, basílica cristiana, belleza, bloque, colina, declarar, destacar, estancia, exponente, extraordinario, fortaleza-palacio, grandioso, huella, ingeniería, magnífico, Mezquita de Córdoba, monumento, numeroso, ocasión, patio, Patrimonio de la Humanidad, representativo, responder a, riqueza, romano, siglo, superpuesto, UNESCO (Organización de las Naciones Unidas para la Educación, la Ciencia y la Cultura), unos sobre otros

Lección 5

[Diálogo]

acontecimiento, apetecer*le a uno*, aventura, cine, comedia, dictadura, drama, encantar*le a uno*, Guerra Civil, película, protagonista

[Guía Práctica Gramatical]

a tiempo, aconsejar, alegrarse (de), ciencia-ficción, imprevisto, jefe

[Ejercicios]

abuelos, alumno, anillo, bebida alcohólica, compañero, debido a, dejar de +*inf.*, echarse la siesta, extraño, llegar a una conclusión, memorizar, menor de edad, piso, por e-mail (correo electrónico), precioso, princesa, tasa

[Lectura]

apoyo económico, Aragón, Castilla, clave, conquista, creación, descubrimiento, dinástico, encuentro, estado, expedición, Francisco Pizarro, Hernán Cortés, islámico, Islam, lengua castellana, lucha, partir, posteriormente, prolongar, Reconquista, reducto, reino, Reyes Católicos, toma de Granada, unión, unitario

Lección 6

[Diálogo]

aperitivo, calamares, caña, cuadro, gratis, jamón ibérico, pinchos, pintor, tapas, tortilla (española), vino tinto

[Guía Práctica Gramatical]

beca, en serio, especializarse en, fiesta de cumpleaños, informática, lástima, maravilloso

[Ejercicios]

a partir de, asiento libre, conocimiento, corresponder a, criticar, divertido, empleado, estar enfadado (con), enterarse (de), estar harto (de), estar seguro (de), hacer caso (de), ir de excursión, isla tropical, lago, luz eléctrica, máquina, más de, manejar, ponerse en contacto (con), programación, serio, soñar (con), tontería

[Lectura]

aportar, conocido, corte, cubismo, desnudo, Diego de Silva y Velázquez, estilo barroco, experimentador, Francisco Goya, genio, maja vestida, Museo del Prado, obra maestra, Pablo Picasso, personaje, perspectiva, pintura, realizar, reflejar, Reina Sofía, repartido (por), retrato, Salvador Dalí, técnica, visitado

Lección 7

[Diálogo]

arroz, banquete, boda, ceremonia, curioso, elegante, en trozos, enhorabuena, faltar*le a uno*, felicitar, fenomenal, gracias a, novios, por poco tiempo, reunir, tarta, tirar, vender

[Guía Práctica Gramatical]

acaso, al instante, amabilidad, arreglar, asistir (a), asunto, avisar, comprar, contigo, descansar, guardar cama, guardar en secreto, independencia, jurar, mueble, olvidar, oponerse, quizá, sentirse mejor, tal vez, tener en cuenta

[Ejercicios]

con toda confianza, cuanto antes, despacio, éxito, hace frío [<hacer], marcharse, negocio, ponerse el sol, bajar*le* la fiebre *a uno*, sala

[Lectura]

accidentado, Alcalá de Henares, andante, batalla de Lepanto, Biblia, brazo izquierdo, brillantemente, caballería, caballero, casualmente, choque, cumbre, débil, El Quijote, enemigo, escritor, escudero, estar considerado, extravagante, fantasía, fecha, fiel, gigante, hidalgo, idealismo, ingenioso, injusticia, lanzarse (contra), literatura, lleno (de), manchego, Miguel de Cervantes Saavedra, molino de viento, mostrar, participar (en), realidad, realismo, sencillamente, traducir (a una lengua)

Lección 8

[Diálogo]

aficionado, ambiente, campo de fútbol, *el clásico*, clasificación, depende [<depender], equipo, estadio, evitar, explicar, fichar, ganar, gastar mucho dinero, ¡hombre!, jugador, jugar bien, la verdad, liga española, peligro, perder muchos partidos, seguidor, tener ganas de +*inf.*, tener razón, violento

[Guía Práctica Gramatical]

bebé, con cariño, examen, hacer todo lo posible, ojalá, pedir*le* un favor *a uno*, reírse, programar, salón, un poco más

[Ejercicios]

cámara incorporada, caer enfermo, CD (disco compacto), conmigo, discutir, dulce, echar de menos, esforzarse, estar bien de salud, exposición, extrañar*le a uno*, imaginarse, increíble, la última vez, mentir, poner en marcha, ponerse de acuerdo (con), proyecto, resultar herido, (teléfono) móvil

[Lectura]

al frente (de), alternancia, celebración, comienzo, conducir (a), convertirse (en), dictador, ejército, establecer, Exposición Universal, general Francisco Franco, Guerra Civil, inestabilidad política, ingreso (en), Juan Carlos I, Juegos Olímpicos, marcar, mejora, muerto, nieto, el poder, PP (Partido Popular), proclamar, progreso económico, PSOE (Partido Socialista Obrero Español), rey de España, II República, significativo, terminar con, transición a la democracia, tras, UE (Unión Europea)

Lección 9

[Diálogo]

acercarse, besugo, brindar, Caribe, cava, cordero asado, Gordo, Navidades, Nochebuena, Nochevieja, ¡qué pena!, Reyes Magos, sobre todo, tocar*le* la lotería *a uno*, turrón, uvas, yate

[Guía Práctica Gramatical]

ahora mismo, cantante, chalet, en coche, inconveniente, regañar, voz

[Ejercicios]

ambos, consejo, dar una vuelta (a), destino, el primer ministro, fracasar, hacerse actriz, juventud, ladrón, mejorar, pájaro, relación diplomática (entre), salir bien, volar

[Lectura]

árabe, además de, aguacate, algodón, almacén, almohada, amplio, aportar, arahuaco, bilingüe, boina, canoa, cartel, catalán, chino, derivarse de, desconocido, enriquecerse, Estados Unidos (de América), gallego, gorra, Guinea Ecuatorial, habitar, hablante, huracán, idioma, iguana, latín, lengua española, lengua románica, lengua visigoda, mayor número de, nación multilingüe, náhuatl, numeroso, país latinoamericano, pizarra, población inmigrante, prehispánico, procedente de, provenir de, quechua, rumano, término, vasco (o euskera), vocablo

プラサ・マヨール **II** ソフト版
－ステップアップ・スペイン語－

検印省略	© 2008年1月15日　　初版発行
	2019年1月30日　　第6刷発行
	2024年1月30日　　第2版発行

著　者　　　　　　　　パロマ・トレナド
　　　　　　　アルトゥーロ・バロン・ロペス
　　　　　　　　　　青　砥　清　一
　　　　　　　　　　落　合　佐　枝
　　　　　　　　　　佐　藤　邦　彦
　　　　　　　　　　高　松　英　樹
　　　　　　　　　　二　宮　　　哲
　　　　　　　　　　柳　沼　孝一郎

発行者　　　　　　　　原　　雅　久
発行所　　　　　株式会社　朝日出版社
101-0065　東京都千代田区西神田3-3-5
電話　03-3239-0271/72
振替口座　00140-2-46008
http://www.asahipress.com/
組版　クロス・コンサルティング／印刷　図書印刷

乱丁、落丁本はお取り替えいたします。

ISBN978-4-255-55157-9 C1087